Reihe: Fatale Praxis

Band 1: Franz Kohout – Austeilende Ungerechtigkeit

edition fatal

Franz Kohout

Austeilende Ungerechtigkeit

Wie die Wohlhabenden sich am Steuerstaat bereichern

edition fatal

»edition fatal« Verlagsgesellschaft bR, Potsdam
Gesellschafter: Mario R. M. Beilhack, Anil K. Jain
www.edition-fatal.de, kontakt@edition-fatal.de

Reihe: Fatale Praxis, Band 1
Herausgeber: Mario Beilhack

Franz Kohout: Austeilende Ungerechtigkeit – Wie die Wohlhabenden sich am Steuerstaat bereichern

Originalausgabe, Potsdam 2023

Titelillustration: Christian Evers

Bibliografische Information der Deutschen Nationalbibliothek:

Die Deutsche Nationalbibliothek verzeichnet diese Publikation in der Deutschen Nationalbibliografie. Detaillierte bibliografische Daten sind im Internet über die Seite http://dnb.d-nb.de abrufbar.

ISBN 978-3-935147-52-1

Herstellung: Books on Demand GmbH

INHALTSVERZEICHNIS

Inhaltsverzeichnis

Geleitworte 8

Vorwort der Verleger 12

Vorwort des Autors 22

1. Zur Notwendigkeit einer Steuerreform 28

2. Die soziale Schieflage bei der Einkommensteuer 40

3. Gestaltungsspielräume 64

4. Steuern sparen mit Immobilien 82

5. Einkünfte aus Kapitalvermögen 92

6. Die Tricks der Konzerne 100

7. Die Erbschaftsteuer 112

8. Die Benachteiligung der »kleinen« Leute 124

9. Steuererhebung: Da wäre mehr drin! 134

10. Hindernisse auf dem Weg zu einem gerechten Steuersystem . . . 146

11. Reformvorschläge für eine gerechtere Besteuerung 160

12. Schlussbemerkungen 168

Geleitworte

GELEITWORTE

»Wer den kleinen und großen Ungerechtigkeiten unseres Steuersystems im Detail nachgehen will, wird hier fündig. Es ist keine erquickliche Reise. Aber nur wenn wir verstehen, welche Quelle der Privilegierung von Superreichen es gibt, können wir politisch dagegen vorgehen.«

Gerhard Schick

Gründer der Bürgerbewegung Finanz-Wende e.V. und ehemaliger
finanzpolitischer Sprecher von Bündnis 90/Die Grünen im Bundestag

***

»Unsere Demokratie und Lebensqualität hängen maßgeblich von einem handlungsfähigen Staat ab. Er muss in Infrastruktur, Bildung und öffentliche Güter investieren. Er muss zu große Ungleichheit ausgleichen und grundlegende Risiken absichern sowie Rahmenbedingungen für eine starke, nachhaltige Wirtschaft schaffen und sie effektiv regulieren. Steuern spielen dabei eine bedeutende Rolle. Sie sind Geld der Gesellschaft.
Trotz der zentralen Bedeutung von Steuern ist kaum ein anderes Thema derart von Halbwahrheiten und Mythen unterwandert. Und diesen gehen nicht nur Durchschnittsbürger, sondern ebenso PolitikerInnen und JournalistInnen auf den Leim. Leider ist der mangelnde Durchblick vieler Menschen im komplexen Steuerrecht die Grundlage für eine enorme Bevorteilung einiger weniger. Gut bezahlte Lobbyisten arbeiten an gut versteckten Steuerprivilegien. Hochprofitable Konzerne schaffen sich mit Hilfe von Steuertricks und Steueroasen unfaire Wettbewerbsvorteile und drücken sich gemeinsam mit Steuerhinterziehern um ihren Beitrag zum Gemeinwesen, das ihre Gewinne erst ermöglicht.
Steuergerechtigkeit ist alles andere als selbstverständlich. Deswegen brauchen wir eine Finanzverwaltung, die in der Lage ist, es mit der Finanzkriminalität und großen Konzernen aufzunehmen. Wir brauchen Transparenz, die schmutzige Geschäfte offenlegt und austrocknet. Und vor allem brauchen wir eine politische Mehrheit, die ein gerechtes, solidarisches Steuersystem einfordert, das im Interesse der Allgemeinheit arbeitet. Der verstellte Blick

im Steuerdickicht erschwert den Weg dorthin. Dagegen helfen kluge Stimmen, wie die von Franz Kohout. Dem dumpfen Gefühl, dass es um die Steuergerechtigkeit hierzulande nicht gut bestellt ist, verleiht dieses Buch anhand von konkreten Beispielen und Fällen eine Stimme.«

Julia Jirmann

Netzwerk Steuergerechtigkeit

Vorwort der Verleger

VORWORT DER VERLEGER: EINLEITENDE GEDANKEN ZU STEUERN UND GERECHTIGKEIT

Die »edition fatal« feierte ihre Geburtsstunde mit der Jahrtausendwende im Jahr 2000. Es gibt uns also seit nunmehr 23 Jahren. Unser Anspruch ist dabei im wesentlichen derselbe geblieben: Als wir uns zu diesem Verlagsprojekt entschlossen, sahen wir eine großartige Möglichkeit, mit den Mitteln des »digital publishing« und »print on demand« Buchprojekte zu realisieren und dem Publikum zugänglich zu machen, die unter den üblichen (Markt-)Bedingungen der kommerziellen Verlagsbranche wenig Chancen auf ein Erscheinen gehabt hätten. Und wahrscheinlich waren wir sogar einer der ersten Verlage, die konsequent alle Titel »open access« zur Verfügung stellten (und tun es noch heute). Unser Schwerpunkt sind dabei essayistische philosophische oder theoretische Schriften jenseits des akademischen Mainstreams, die sich durch ihre Originalität auszeichnen und eine andere, alternative Sicht auf die Wirklichkeit entfalteten. Mit unserem Namen »edition fatal« knüpfen wir dabei an das Konzept der »fatalen Strategien« von Jean Baudrillard an, das der Matrix der (Hyper-)Realität die »zersetzende« Kraft der Theorie entgegen stellt.

»Weltfremd« wollten wir mit unseren überwiegend theoretischen Publikationen also nie sein. Sondern ganz im Gegenteil, waren wir neugierig darauf, wie man diese Welt und unsere Wirklichkeit »anders« betrachten könnte – um sie zu verändern. So entstand im Laufe der Jahre, peu à peu, ein Buchprogramm mit Reihen zu »Neue Philosophie«, »Moderne–Postmoderne«, »Kultur–Kritik«, »Politik–Ökonomie«, »Zeit–Geschichte« – und nun schließlich »Fatale Praxis«. Mit dem hier vorliegenden ersten Band »Austeilende Ungerechtigkeit – Wie sich die Wohlhabenden am Steuerstaat bedienen« wollen wir den Versuch starten, Buchprojekte einer politisch-motivierten Publizistik zu realisieren, von denen wir glauben, dass sie eine Öffentlichkeit verdient haben, weil sie sich kritisch mit brennenden Fragen unserer sozioökonomischen und soziopolitischen Wirklichkeit beschäftigen. Der Reihentitel »Fatale Praxis« ist Ausdruck dafür, dass bestimmte Praktiken unseres Erachtens »tödlich« sind – indem sie Möglichkeiten der Entfaltung (für das Individuum wie die Gesellschaft) ersticken. In dieser Reihe sollen solche Praktiken beschrieben werden. Das Buchprojekt von Franz Kohout schien uns für den Start der neuen Reihe deshalb treffend geeignet, weil es das deutsche Steuerrecht als ein System beschreibt, das zu einer Umverteilung »von unten nach oben« führt. Vermögende und Unternehmen können zahlreiche Privilegien und Möglichkeiten der Steuervermeidung bzw. Steuerflucht nutzen und stützen sich dabei auf ein Lobbynetzwerk aus Wirtschaft und Verbänden. Sie führen mit ihrem Einfluss auf die Ausgestaltung der Steuergesetzgebung das Prinzip einer gerechten Verteilung der Steuerlast ad absurdum. Gerade die, die es sich am ehesten leisten könnten, verweigern ihren Beitrag zur Finanzierung von Gemeinwohlaufgaben – und rütteln so auch am Fundament der Demokratie!

Das Buch von Franz Kohout verweist also auf weitere, über den Text hinaus greifende Thematiken, die zu ganz grundsätzlichen Fragen führen: Welcher normativen (Gerechtigkeits-)Logik sollten Steuern gehorchen? Und welche Alternativen zu einer Besteuerung gäbe es eigentlich? Zu diesen theoretischen Metafragestellungen möchten wir als Verleger gerne mit ein paar Gedanken beisteuern: Steuern erfreuten sich in der Menschheitsgeschichte noch nie großer Beliebtheit. Zahlreich sind die Geschichten von Aufständen und Widerstand gegen als ungerecht empfundene Abgaben und Tribute. Und auch eine der beliebtesten Heldengestalten der westlichen Kultur ist Kämpfer gegen ungerechte Steuern: Robin Hood. Fast jede(r) sympathisiert mit Robin Hood und seinen »gesetzeslosen«, »vogelfreien« Gefolgsmännern, die den Steuer eintreibenden Sheriff von Nottingham und seine Schergen überfielen, um dann die eingetriebene Steuer wieder an die zu verteilen, denen sie »abgepresst« wurde. Das ist allerdings sozusagen die »moderne« Version der Geschichte, wie wir sie aus zahlreichen Romanen und Filmen kennen. Im Laufe der Jahrhunderte wurde die Gestalt des Robin Hood immer positiver dargestellt. War Robin Hood in den ursprünglichen Texten des Balladen des Mittelalters noch eher Gesetzesbrecher (durchaus mit sympathischen Zügen), so erfährt die Heldengestalt ab dem 18. Jahrhundert eine zunehmend bürgerlich-nationalistische Umdeutung. Hierin spiegelt sich auch die bürgerliche Haltung zu Steuern wider: Kein »aufgeklärter« Bürger will Vermögen und Einkommen einfach so teilen bzw. Teile davon abgeben müssen. Wenn es denn schon sein muss, dann soll es auch einen sekundären Nutzen geben – und mitbestimmen über die Verwendung möchte man auch. So akzeptierte der europäische Bürger der Aufklärung zwar in der Regel die Monarchie (solange der Monarch seine Pflichten erfüllte, für Ruhe und Ordnung und vor allem ungestörte Geschäfte sorgte). Allerdings durften die Monarchen im bürgerlichen Verständnis mit den Steuern eben nicht (mehr) Beliebiges tun und sie gar für persönlichen Luxus verschwenden (wie es Ludwig II. von Bayern nachgesagt wird, dem dies vermutlich nicht gut bekam). Die erhobenen Steuern sollten einem, »guten«, »vernünftigen« Zweck dienen – was keineswegs im Widerspruch zu Imperialismus und Kolonialismus stand, ganz im Gegenteil. Die mit Steuern finanzierten imperialen Kriege und die Ausbeutung der Kolonien waren im Interesse des Steuer zahlenden Bürgertums in Europa, egal ob republikanisch oder monarchistisch gesinnt.

Das wirft unweigerlich die Fragen auf: Was sind gerechte Steuern? Und vor allem auch: In welchem Zusammenhang stehen Steuern zu politischer Macht und Teilhabe? Die sehr lange Zeit gültige Antwort darauf formulierte bereits Aristoteles: »Daher beanspruchen vernünftigerweise die Ehre die Edelgeborenen, die Freien und die Reichen. Denn es muss Freie geben und Leute, die die Steuerlast tragen. Nicht nämlich könnte ein Staat aus lauter Mittellosen bestehen, ebenso nicht aus Sklaven.« (Politik, Buch III-12) Aristoteles formuliert hier, als von ihnen abhängig Beschäftigter, die für die Mächtigen und Besitzenden bequeme Antwort: wer bezahlt schafft an! Freilich bleibt dabei völlig unberücksichtigt, wie die Reichen und Mächtigen in ihre privilegierte Position gekommen sind (nämlich durch Unterdrückung und Ausbeutung). Doch dazu später mehr. Für den Moment soll es genügen zu verstehen, dass diese Auffassung in der Tat einem durchaus konsequenten (wenn auch in der Konsequenz absurden) Gerechtigkeitsverständnis entspringt.

Aristoteles (Nikomaschische Ethik, Teil 1, Buch III, Abschnitt 4-2) unterscheidet nämlich grundsätzlich zwischen zwei Arten der Gerechtigkeit: ausgleichenden und der austeilenden Gerechtigkeit. Die ausgleichende Gerechtigkeit (arithmetisches Proportionalitätsprinzip) kommt unter Gleichen zur Anwendung und gilt für ökonomische Tauschbeziehungen (Äquivalenzprinzip) sowie für den Ausgleich erlittener Nachteile. Das Prinzip der austeilenden Gerechtigkeit (geometrische Proportionalität) gilt in der Beziehungen zwischen Ungleichen: offensichtlich wäre es nämlich ungerecht wenn ein Besitzloser genauso viel Steuern zahlen sollte wie ein Reicher. Im Umkehrschluss gilt in diesem Gerechtigkeitsverständnis aber auch, dass es ungerecht wäre, wenn beide dieselben politischen Rechte hätten, denn wir erinnern uns: »Nicht nämlich könnte ein Staat aus lauter Mittellosen bestehen, ebenso nicht aus Sklaven.« Gleiches (Recht) gilt eben nur für Gleiche. Es handelt sich um die (scheinbar) unwiderlegbare Rechtfertigung politischer Ungleichheit (beruhend auf der Realität ökonomischer Ungleicheit). In diesem Verständnis ist auch Sklaverei Ausdruck einer gerechten Ordnung. Freiheit und politische Teilhabe können gerechterweise nur die Vernunftbegabten (d.h. für Aristoteles: griechische Männer) und die Besitzenden (Patriarchen) für sich beanspruchen, das ist der Kern der attischen »Demokratie«. Aber immerhin: wo Ungleichheit herrscht, muss dies auch (proportional) berücksichtigt werden. Wer im Staat

das Sagen haben will, muss ihm – anders als in der Realität des modernen Steuerstaats – auch die Mittel bereitstellen. Ansonsten kann man von *austeilender Ungerechtigkeit* sprechen: ein umgekehrt proportionales Verhältnis, wo die, die viel haben und einflussreich sind, wenig zum Gemeinwesen (durch ihre Steuern) beitragen und die Hauptlast die Besitzlosen (also die, die kein oder nur minimales Eigentum an Produktionskapital besitzen) tragen. Der gewählte Buchtitel drückt also treffend jenes aktuelle (das konventionelle Gerechtigkeitsverständnis auf den Kopf stellende) Missverhältnis im Steuerwesen aus, das Franz Kohout in seiner Arbeit so detailreich belegt.
Allerdings kann man natürlich viel fundamentaler in Frage stellen, dass politische Macht und Teilhabe an den Besitz (und die entsprechenden Steuern) gekoppelt sein sollen. Wir wissen etwa spätestens seit den römischen Brotrevolten und dem Aufstand der Sklaven, dass ein bedeutender Teil der Menschen gegen Ende der römischen Republik sich mit dieser Art von (austeilender) Gerechtigkeit nicht mehr zufriedengeben wollten. Die Legitimität der gesamten republikanischen Staatsordnung stand in Frage. Die Aufstände endeten aber nicht mit einer erfolgreichen Revolution und der Umverteilung der Reichtümer, sondern es entstand im Gegenteil ein neues Regierungssystem mit einer militärisch fundierten und abgesicherten Macht: Die Cäsaren-Despotie. In ihr wurde das römische Kernland von der Steuerlast weitgehend befreit und ein aggressiver militärischer Imperialismus sorgte für die Finanzierung der Staatsausgaben – durch Steuern in den neuen römischen Provinzen und Tribute der untelegenen Herrschaftsgebiete. Viele der damaligen römischen Steuerregelungen ähneln dabei den heutigen Steuergesetzen und Verhältnissen: Es gab Verbrauchsteuern, Grundsteuern, Steuern auf den Handel, verschiedenste Abgaben und Sondersteuern – und es gab zahlreiche Steuerprivilegien vor allem für Vermögende mit Grundbesitz sowie Amts- und Würdenträger.
Auch nach dem Zusammenbruch des römischen Reiches änderte sich an den grundsätzlichen Verhältnissen wenig. Der Zusammenhang zwischen Krieg, Militär und Steuern tritt vielmehr noch deutlicher zutage. Denn wer dem König im Krieg (durch besondere Effizienz beim Töten der Feinde) gute Dienste leistete, wurde mit einem Lehen belohn. Er durfte sich als Nobler fühlen – und die unter seiner Grundherrschaft lebende (und zu großen Teilen leibeigene) Bevölkerung zu Frondiensten verpflichten sowie ihnen Steuern und Abgaben (in der Form von Geld oder Naturalien) abpressen. Ein nicht unbeträchtlicher Teil dieser Einnahmen diente wiederum dem Bau von Wehranlagen (und zur Entlohnung von Soldaten/Söldnern). Der Unmut vor

allem der einfachen ländlichen Bevölkerung über die Steuerlast bildete die wichtigste Grundlage für sporadische (doch wenig von Erfolg gekrönte) Aufstände und Heldengeschichten wie die von Robin Hood.
In den Städten dagegen bildete sich vor allem gegen Ende des Mittelalters ein zunehmend selbstbewusstes und (vor allem durch Handel) wohlhabendes Bürgertum heraus. Man wollte politisch mitreden und scheute (aufgrund der ökonomischen Potenz, die häufig jene des Adels übertraf) auch nicht mehr davor zurück, die politische Machtfrage zu stellen. Dies kulminierte schließlich in Frankreich (und von dort aus schnell auf fast ganz Europa übergreifend) in der »großen« Juli-Revolution von 1789. Die zentrale und wichtigste Forderung der bürgerlichen Emanzipationsbewegungen der Aufklärung war dabei keineswegs Freiheit und schon gar nicht Gleichheit (die wollte man gerade nicht). Was aber alle diese vielfältigen Bewegungen eint, ist die Forderung – zur Wahrung der eigenen ökonomischen Interessen – über die Ausgaben der Steuermittel (mit) zu bestimmen. Man kann dieses Hauptmotiv auch an der amerikanischen Unabhängigkeitsbewegung ablesen. Der primär mobilisierende Faktor war eben nicht etwa die Unabhängigkeit von den kolonialen Mutterländern (Großbritannien und Frankreich), sondern die Frage der politischen Repräsentation und Mitbestimmung der Steuerzahler, ausgedrückt in dem Schlachtruf »no taxation without representation«.
Wenn man dieses Motto in aller Konsequenz ernst nimmt, dann kann man allerdings umgekehrt folgern: no representation without taxation. Nur wer (Steuern) zahlt, sollte politisch mitbestimmen. Gemäß dem ausgegebenen Selbstverständnis der heutigen repräsentativen Demokratien westlicher Prägung wäre dieses Prinzip eine Zumutung, da hier (formal) jede Stimme gleich viel zählt und jeder Staatsbürger unabhängig von seinem Besitz wahlberechtigt ist. Noch zu Beginn des 20. Jahrhunderts galt jedoch beispielsweise in Preußen (aber beileibe nicht nur dort) ganz selbstverständlich ein »Dreiklassenwahlrecht«, d.h. die Stimmen wurden je nach Besitz gewichtet. Böse formuliert: damals galt noch, im Gegensatz zu heute, das Prinzip austeilender Gerechtigkeit. Denn heute sind insbesondere Kaptalbesitzer und vor allem Kapitalgesellschaften weitgehend von Steuern befreit (sei es direkt durch explizite Regelungen wie Steuerfreiheit nach »Spekulationsfristen« oder durch die Möglichkeit der Nutzung von – durchaus auch absichtlich offen gelassenen – »Schlupflöchern«). Aber die Haupt-Profiteure dieser Regelungen sind eben keineswegs politisch marginalisiert. Sie häufen Kapital an und nutzen die dadurch verliehene Macht intensiv durch Durchsetzung ihrer ökonomischen und politischen Interessen. Ein beliebtes Modell ist es dabei, Vermögenswerte

auf (direkt von einem gesteuerte) Stiftungen zu übertragen, die nicht steuerpflichtig sind. Über die Verteilung der erheblichen Erträge des Stiftungsvermögens nimmt man (ohne jegliche politische Legitimation über Wahlen oder andere »störende« demokratische Verfahren) Einfluss auf Medien, NGOs, Regierungen und Regierungsorganisationen. Und statt als Steuerhinterzieher, gilt man vielen gar als sogenannter Philanthrop.

Als erfolgreiche Kapitalisten wissen diese Akteure, dass im Kapitalismus Geld gleichbedeutend mit Macht ist, da es die allgemeine »Währung«, das Medium nicht nur für ökonomische Tauschbeziehungen, sondern jede Art von Verhältnis darstellt. Als erfolgreiche Kapitalisten tappen sie jedoch damit ebenso in die Falle der neoliberalen Ideologie, die Waren und Geld fetischisiert. In diesem Denken wird alles zur Ware – und jedes Problem kann man mit Geld beziehungsweise der Steuerung der Geldströme lösen. Leider handelt der moderne Steuerstaat genau nach derselben neoliberalen Logik. Statt politisch zu handeln, versucht man, durch Steuern zu »steuern«. Und so fällt vielen Politikern nichts besseres ein, als zur Lösung jedes neu auftauchenden Problems eine neue Steuer (oder Steuerentlastung) vorzuschlagen. Sie unterliegen einer Steuer(ungs)fiktion, die irrigerweise davon ausgeht, dass monetäre Anreize für alle Menschen und alle Situationen den entscheidenden »Schlüsselreiz« darstellen. Dabei vergisst man jedoch, dass die Macht des Geldes nur soweit reicht, wie der Glaube an diese Macht. Die wahre Macht des Geldes liegt nicht in seinem Wert und auch nicht in seiner Funktion, sondern im Glauben daran. Um aber nicht von diesem Glauben abzufallen, muss man die Augen fest vor der Realität verschließen. Denn mit der schnöden Wirklichkeit (der Ausbeutung, des Elends, der Zerstörung) konfrontiert, sehen die »Lösungen« des Neoliberalismus selten gut aus (außer für jene Wenigen, die davon profitieren).

Genau das führt uns zurück zur Frage der Gerechtigkeit (der Steuern): Kann es überhaupt gute und gerechte Steuern geben? Sicher, man könnte dafür sorgen, dass die Verwendung der Steuern stärker am Allgemeinwohl (und weniger an Partikularinteressen und globalen Kriegsmaschinerien) orientiert ist. Und man könnte dafür sorgen, dass die »Unverhältnismäßigkeiten« bei der Besteuerung der Einkommen korrigiert werden. Man muss sich dann aber vielleicht zurecht fragen lassen, warum das Prinzip der austeilenden Gerechtigkeit bei der Steuer, nicht aber bei der politischen Repräsentation gelten sollte, die dem traditionellen Verständnis nach eben von den »Beiträgen« zur politischen Gescheinschaft abgeleitet ist (siehe oben). Aber wer will zurück zum Zensuswahlrecht? Und überhaupt: Wer will schon gerne Steuern zahlen?

Warum also nicht die Steuer(n) ganz abschaffen? (Ohne Steuern gibt es schließlich auch keine ungerechten Steuern.)
Sicher, zur Erfüllung des staatlichen Aufgaben müssen die erforderlichen Mittel vorhanden sein. Schon Artistoteles, der erste Ideologe der bürgerlichen Gesellschaft, wusste schließlich (wie bereits oben zitiert): »es muss Freie geben und Leute, die die Steuerlast tragen.« Irgend jemand muss das Ganze also bezahlen. Das Allgemeinwohl ist ein kostspieliges Gut und Steuern (die nur zahlen kann, wer es sich leisten kann) sind notwendig, um es zu befördern, so die traditionelle Auffassung. Leider versuchen aber vor allem wohlhabende Personen (weil sie es können) nur allzu gerne, ihre Beiträge so gering wie möglich zu halten. Insofern liegt die Forderung nach einer Senkung der Steuern ganz auf der Linie des neoliberalen Denkens. Allerdings will man hier zumeist eben Steuern nicht ganz abschaffen, sondern nur selbst so wenig wie möglich entrichten, um von den Steuerzahlungen der anderen zu profitieren. Wollte man die Steuern ganz abschaffen, so müsste der Staat (oder nennen wie es lieber: die politische Organisation der Gesellschaft) mit den erforderlichen eigenen Mitteln (Kapital, aus dem sich Erträge generieren lassen) ausgestattet werden. Das ist etwas, das (Neo-)Liberale um jeden Preis vermeiden wollen, denn nur ein finanziell abhängiges politisches Gemeinwesen lässt sich in ihrem Sinne steuern. Der Staat als »Kostgänger« der (Besitz-)Bürger ist der Garant der Macht des Kapitals. Und jede »gewinnbringende« staatliche Aktivität ist ein Einnahmeverlust für private Unter-*Nehmer*.
Deshalb bekämpft man alle »sozialistischen« Ideen, die darauf beruhen, dass das Eigentum an den Produktionsmittel (ganz oder teilweise) vergemeinschaftet wird. Für alle anderen aber wäre dies ein Gewinn. Denn auch ein anderer Punkt zur Rechtfertigung der Steuern, der allerdings erst mit dem modernen »Sozialstaat« aufkam, würde weitgehend entfallen: die Notwendigkeit der Umverteilung. Wo das Produktionseigentum nämlich weitgehend vergemeinschaftet ist, kann es nicht zu einer (extrem) ungleichen Kapitalakkumulation kommen, wie wir sie heute für »normal« halten. Zudem könnte die Verteilung der Güter, anders als aktuell, auf einer bedürfnisgerechten Grundlage organisiert werden, d.h. nicht die individuelle Ausstattung mit Geldmitteln entscheidet primär über den Zugang zu Gütern, sondern der Bedarf (ganz nach dem Marxschen Grundsatz: »Jeder nach seinen Fähigkeiten, jedem nach seinen Bedürfnissen«). Denn um zumindest basale Bedürfnisse (wie Nahrung oder Wohnung) der »Minderbemittelten« befriedigen zu können, muss Einkommen im Steuerstaat umverteilt werden. Das ist der zweite wesentliche aktuelle Zweck der Steuern (neben der Erfüllung der basalen

Staatsaufgaben), und er beruht auf den Erkenntnissen des 19. Jahrhunderts, dass ohne ein gewisses Maß staatlich organisierter Umverteilung die ungleichen Machtverhältnisse (zwischen Kaptal und Arbeit) nicht erhalten werden können. Die zugrunde liegende Ungerechtigkeit bei der Verteilung der Güter (nicht nur ungleich, sondern vor allem vorbei an den Bedürfnissen der Menschen) kann aber durch keine Steuer wettgemacht werden. Steuern, gerade auch wo sie der Umverteilung dienen sollen, sind Ausdruck einer ungerechten Güter-Verteilung – und versuchen diese letztlich zu zementieren, in der Hoffnung, dass eine gemilderte Ungerechtigkeit, ihre Beseitigung verhindert. Die bloße Abschaffung der Steuern, sorgt aber keinesfalls bereits an sich für größere Gerechtigkeit, sondern dies gilt nur, wenn erstens die Organisation der Gesellschaft auf eine autarke Basis bestellt wird und zweitens gleichzeitig verhindert wird, dass ökonomische Ungleichgewichte überhaupt entstehen können. Selbst gerechte Steuern gemäß der austeilenden Gerechtigkeit wären dagegen nur eine Verschleierung der viel größeren grundsätzlichen Ungerechtigkeit, die hinter den bestehenden (Besitz-)Verhältnissen steckt. Man sieht, wenn man über das Thema Steuern und Gerechtigkeit nachdenkt, landet man schnell bei der Systemfrage. Gut so! Denn so wird aus einer fatalen Praxis möglicherweise ihr eigener Tod. Das Buch von Franz Kohout könnte, so hoffen wir, entsprechend auch für die Leser Anlass sein, sich darüber hinaus Gedanken zu machen – und Konsequenzen zu ziehen.

Anil Jain und Mario Beilhack im September 2023

Vorwort des Autors

Vorwort des Autors: Plädoyer für ein gerechteres Steuersystem

»Tausend ganz legale Steuertricks« heißt der Sachbuchbestseller von Franz Konz, den es in jährlichen Neuauflagen seit über 40 Jahren gibt. Der Autor, ein ehemaliger Finanzbeamter, ist längst verstorben. Sein Buch weiterhin erfolgreich. Der Titel ist symptomatisch für den Umgang mit dem Thema Steuern in unserer Gesellschaft. Dass es tausend Tricks geben soll, macht stutzig. Das muss Gründe haben, die im System selbst liegen. Aber wer trickst, und wer wird ausgetrickst? Letzterer ist klar zu identifizieren: Der Staat! Also wir alle, die auf eine gute Infrastruktur, auf ein gerechtes Bildungssystem, auf eine optimale Gesundheitsfürsorge, auf Klimaschutzmaßnahmen und jede Menge anderer sinnvoller öffentlicher Güter und Dienstleistungen angewiesen sind. Wer trickst, ist schwieriger festzumachen. Jedenfalls muss man die Möglichkeiten dazu haben, vielleicht auch dazu eingeladen werden. Wer im Niedriglohnsektor arbeitet oder nur eine kleine Rente bezieht, hat sie sicherlich nicht. Dazu braucht es ein höheres Einkommen, besonders aus Kapitalvermögen, Gewerbebetrieb, selbständiger Tätigkeit oder Vermietung. Dazu noch einen kompetenten Steuerberater. Es hat sich ein gesellschaftliches Klima entwickelt, in dem Steuern sparen nicht nur »in« ist, sondern in dem ganz aggressiv – oft am Rande der Legalität – mit Abschreibungsmodellen und Steuervermeidungsstrategien geworben wird. »Willkommen im Steuerparadies Deutschland« heißt es unverblümt in einem Internetauftritt einer großen Beratungsfirma und an anderer Stelle »jetzt Steuerlast in privates Vermögen verwandeln«.

Dieses Klima konnte sich nur deshalb entwickeln, weil in einem neoliberalen Gesellschaftsverständnis alles, was mit dem Staat zu tun hat, negativ besetzt ist. Aber auch deswegen, weil schon viele mittel- bis besserverdienende Arbeitnehmer bei der Einkommensteuer durch einen Grenzsteuersatz belastet werden, der bis über 40 Prozent reicht. Meist zwar nur nominell und nicht im Durchschnitt, denn das Steuerrecht kennt auch diverse vernünftige Absetzungspositionen und Freibeträge. Besonders für die wohlhabenden, cleveren und vor allem gut beratenen Steuerpflichtigen gibt es jedoch noch viel mehr zu holen, als sich das der Durchschnittsbürger vorstellt. Hier ein paar Beispiele:

Wussten Sie etwa, dass Wohlhabenden mit Kind durch den Kinderfreibetrag am Monatsende bis zu 100 Euro mehr bleiben als Geringverdienenden durch das Kindergeld? Wussten Sie, dass man teure Internatskosten bis zu 5.000 Euro von der Steuer absetzen kann? Wussten Sie, dass man Klavierstimmen und »Gassigehen« mit dem Hund steuermindernd geltend machen kann?

Ist Ihnen bekannt, dass man auf den Ankauf von Gold keine Mehrwertsteuer zahlen muss? Weil Sie keine Finca auf Mallorca haben, werden Sie auch nicht wissen, dass man die Kosten des dortigen Hausmeisters und Gärtners von der deutschen Steuer abschreiben kann. Stellt Ihnen Ihr Arbeitgeber einen Firmenwagen zur Verfügung? Nein – dann wissen Sie wahrscheinlich auch nicht, was ein Dienstwagenprivileg ist. Dass die wirklich Reichen auf den größten Teil ihrer Einkünfte nur 25 Prozent Einkommensteuer bezahlen, das wussten Sie, oder? Warum zahlen Unternehmenserben kaum Erbschaftsteuer? Weshalb zahlen die Erben von drei Wohnungen Steuern und die Erben von 300 Wohnungen keine? Warum zahlt man auf ein Schulessen 19 Prozent Mehrwertsteuer und auf Pommes zum Mitnehmen nur 7 Prozent? Warum zahlt man auf Bier Steuern und auf Wein nicht?

Wenn Ihnen das alles neu ist oder Sie eine Begründung auf die aufgeworfenen Fragen erhalten wollen, dann kann Ihnen diese Lektüre weiterhelfen. Auch deswegen, damit es Ihnen nicht so geht wie dem früheren Bundeskanzler Helmut Schmidt, der einmal freimütig zugab, seinen Steuerbescheid nicht zu verstehen. Das deutsche Steuerrecht ist nach wie vor ein Buch mit sieben Siegeln. Daher werde ich im Nachfolgenden die gravierendsten Auswüchse des deutschen Steuerwesens darstellen und insbesondere darlegen, wer und warum davon in erster Linie profitiert oder sich gar in unverschämter Weise bedient bzw. bedient wird. Um der Abstraktheit der deutschen Rechtssprache zu entkommen, werde ich die Auswirkungen unseres Steuerrechts anhand fiktiver Personen erklären und mit Rechenbeispielen verdeutlichen. Für die Wohlhabenden stehen Herr und Frau Großschmidt und für die Gering- und Normalverdiener Herr und Frau Kleinschmidt. Besonders clevere Selbstbediener nenne ich Herrn und Frau »Superdreist« und für manche Gesellschaften habe ich den Namen »Steueroptimierungs-GmbH« reserviert. Natürlich kommen auch »echte« Personen vor: Boris Becker, Franz Beckenbauer, Susanne Klatten, Andrea Tandler, Klaus Zumwinkel und andere.

Viele der Ungerechtigkeiten unseres Steuersystems liegen im Verborgenen. Um hier Licht in dieses Dunkel zu bringen, werde ich kurz die Systematik unseres Steuersystems skizzieren und darlegen, welche Personengruppe besonders davon profitiert. Es sind die besser Verdienenden und Vermögenden, besser gesagt: die Wohlhabenden. Wer dies ist, beschreibe ich anschließend. Die soziale Schieflage unseres Steuersystems diskutiere ich in Kapitel 2 an diversen Vorschriften des Einkommensteuerrechts. Dazu gehe ich auf alle relevanten – sozialstaatlich motivierten – Absetzungspositionen wie Kinderfreibeträge, Ehegattensplitting, Vorsorgeaufwendungen usw. ein. Auch die uneigennützigen Absetzungspositionen wie Spenden an gemeinnützige Vereine oder Parteispenden werden hier thematisiert. Kapital 3 gibt dann einen Einblick in die großen Gestaltungsmöglichkeiten unseres Steuerrechts. Dazu gehe ich beispielhaft auf das häusliche Arbeitszimmer, das Dienstwagenprivileg und auf andere Verschiebungsmöglichkeiten ein, die aus dem privaten Bereich in die berufliche oder betriebliche Sphäre transferiert werden können. Ein Exkurs über die Gewerbesteuer schließt dieses Kapitel ab. In Kapitel 4 zeige ich die hohe Kunst der Steuergestaltung am Beispiel des Immobilienbesitzes auf. Die Immobilienbesteuerung und die Besteuerung der Einkünfte aus Kapitalvermögen zeigen die unglaublichen Möglichkeiten der Wohlhabenden auf en gros Steuern zu sparen (Kapitel 5). Kapitel 6 beleuchtet die Tricks der großen, meist international aufgestellten, Konzerne. Ihre Hauptstrategie: Gewinnverschiebungen in einer globalisierten Welt. Dazu hilft auch ein Blick auf die zahlreichen Steuerparadiese dieser Welt. Ähnliche Möglichkeiten bietet das bestehende System der Erbschaftsbesteuerung, auf das ich in Kapitel 7 eingehe. Meine These hier: Die jetzige Form der Erbschaftsteuer hilft die soziale Ungleichheit in Deutschland zu zementieren.

Kapitel 8 will einen Kontrast zu der Welt der »Großschmidts« setzen. Deshalb gehe ich hier auf die vielen Benachteiligen unserer Familie »Kleinschmidt« ein. Aber nicht nur das Steuersystem selbst schafft Privilegien, sondern auch die Steuererhebung kann begünstigen oder benachteiligen. Deshalb gehe ich in Kapitel 8 auf die Arbeit der Finanzverwaltung ein. Dann wird es Zeit, Ross und Reiter zu nennen, also darzulegen, warum wir ein so ungerechtes Steuersystem haben und wer ein gerechteres verhindert (Kapitel 10). Da ich nicht bei einer Analyse des bestehenden Systems stehen bleiben will, plädiere ich zum Schluss meiner Ausführungen für weitreichende Reformen, die nach Gerechtigkeitsgesichtspunkten ausgerichtet sind, damit die Reichen nicht mit Hilfe der Steuer noch reicher werden.

Mit meinen Ausführungen kann ich unser Steuersystem nicht in seiner Gesamtheit darstellen. Dies gilt insbesondere für das Unternehmenssteuerrecht. Selbstverständlich haben meine Beispiele auch keinen Anspruch auf Vollständigkeit, auch nicht was die Steuerprivilegien der Wohlhabenden betrifft. Mein Anliegen ist es lediglich, die gröbsten Ungerechtigkeiten zu identifizieren und die tendenzielle Schieflage unseres Steuerrechts herauszuarbeiten sowie nicht zuletzt für ein gerechteres Steuersystem zu plädieren. Zu Beginn meiner Recherchen zum Thema Steuergerechtigkeit war mir klar, dass die steuerberatende Zunft und die Lobbygruppen der Reichen und Wohlhabenden ihre Steuerprivilegen mit Nachdruck verteidigen. Nicht klar war mir, dass auch große Teile der Verlage in diese Richtung agieren. Der Lektor eines renommierten Verlages schrieb mir, dass er meine Ausführungen interessant fände, aber sein Verlag verdiene sein Geld mit Ratgebern zum Steuernsparen. Ein anderer Lektor konterte meine Kritik an der unterschiedlichen Behandlung von Kindergeld und Kinderfreibeträgen zugunsten der Wohlhabenden so: Die Kinder von Wohlhabenden hätten ja ganz andere Bedürfnisse. Ob ich denn wolle, dass nur die Unterschicht Kinder bekommt?

Meine praktischen Einsichten in das deutsche Steuersystem verdanke ich einer fast zehnjährigen Tätigkeit als Steuerinspektor an verschiedenen Finanzämtern in Bayern. Durch das Studium der Politik- und Rechtswissenschaft konnte ich das Thema Steuern systematisch ausbauen und insbesondere der Frage nachgehen, warum bestimmte Gruppen in der Gesellschaft vom System profitieren und andere mehr oder weniger ausgeschlossen sind. In meiner langen Lehrtätigkeit an verschiedenen Universitäten und Stiftungen habe ich meine Erkenntnisse vermitteln und zur Diskussion stellen können. Meine Einsichten beruhen aber nicht zuletzt auf den ökonomischen Entwicklungen der letzten Jahrzehnte, die die Reichen reicher gemacht haben. Hier sind besonders die Steigerungsraten der Immobilien- und Aktienmärkte hervorzuheben. Auf der anderen Seite haben wir es mit einem Heer von Niedrigverdienern, Solo-Selbständigen und Kleinrentnern zu tun, die überhaupt kein Vermögen besitzen. Meine wichtigste Einsicht ist aber, dass unser unausgewogenes Steuersystem mitverantwortlich dafür ist, dass die Ungleichheit und damit die Spaltung der Gesellschaft zunimmt.

Nachhaltig inspiriert – und zum Schreiben angeregt – haben mich die Veröffentlichungen des Netzwerks Steuergerechtigkeit und der Bürgeraktion »Finanzwende«. Besonders beeinflusst auf dem Gebiet des Steuerrechts haben mich die Autoren Klaus Tipke und Joachim Lang mit ihrem klassischen Lehrbuch »Steuerrecht«. Der Ökonomen Thomas Piketty und Joseph Stiglitz haben meinen Blick für die Ungleichheit in der Gesellschaft geschärft, und dem ehemaligen Richter am Bundesverfassungsgericht, Ernst-Wolfgang Böckenförde, verdanke ich zum großen Teil meinen verfassungsrechtlichen Standpunkt. Wenn nichts anderes erwähnt ist, liegt meinen Ausführungen die Rechtslage von 2023 zugrunde. Zur besseren Lesarkeit habe ich auf Anmerkungen verzichtet. Dennoch gibt es im Text diverse Quellenhinweise.

Für die Durchsicht und die Kritik an meinem Manuskript bedanke ich mich bei Josef Heim, Manfred Jörke, Fares Kharboutli, Mario Beilhack, Sepp Dürr, Jan Busse und nicht zuletzt bei Gabriele Kohout. Unzulänglichkeiten und mögliche Fehler liegen jedoch allein in meiner Verantwortung.

1. Zur Notwendigkeit einer Steuerreform

1. Zur Notwendigkeit einer Steuerreform

Unser Jahrzehnt ist durch mindestens drei krisenhafte Situationen gekennzeichnet: Die Corona-Pandemie, dem rapiden Anstieg der Preise für Energie im Zuge des Ukraine-Krieges und dem nicht nur latent voranschreitenden Klimawandel. Was haben diese Krisen aber mit dem Thema Steuergerechtigkeit zu tun? Sehr viel! Denn die Bewältigung dieser Herausforderungen kostet sehr viel Geld. Bei der Corona-Pandemie spricht die Bundesregierung von 1,2 Billionen Euro, für den Verteidigungshaushalt sind 100 Milliarden an Mehrausgaben vorgesehen, an Energiehilfen sind 2022 17 Milliarden und 2023 100 Milliarden Euro vorgesehen. Für den Ausgleich von Klimaschäden und für Vermeidungsstrategien dafür liegen nur vage Schätzungen vor – es werden aber mehrere 100 Milliarden dafür gebraucht werden. Allein die Schäden der Flutkatastrophen im Frühsommer 2021 werden auf 33 Milliarden Euro beziffert.

Diese Investitionen müssen finanziert werden. Neben der Aufnahme neuer Schulden kommt nur eine Finanzierung über Steuern in Frage. Das Steueraufkommen von Bund, Ländern und Gemeinden liegt aktuell etwa bei 800 Milliarden Euro. Damit wird deutlich, dass die Basis für das Steueraufkommen erweitert werden muss. In Frage kommen dafür in erster Linie Steuererhöhungen, die verständlicherweise äußerst unbeliebt sind. Eine Erhöhung des Steueraufkommens könnte jedoch im Steuersystem selbst liegen, besser gesagt in der Beseitigung von diversen Privilegien und Subventionen. Diese Privilegien begünstigen über Gebühr die Wohlhabenden. Nach der Einschätzung von Marcel Fratzscher, dem Präsidenten des Deutschen Instituts für Wirtschaftsforschung, kommen ca. 70 Prozent der steuerlichen Vergünstigungen den einkommensstärksten 30 Prozent der Deutschen zugute. Damit sind wir bei der zentralen These dieses Buches, der sozialen Schieflage unseres Steuersystems. Oder anders ausgedrückt: Willkommen im Land der Steuerungerechtigkeit.

Neben den geschilderten krisenhaften Entwicklungen wird die soziale Ungleichheit zum zweiten Prägungsmerkmal unseres Gesellschaftssystems. Nach dem Armuts- und Reichtumsbericht der Bundesregierung von 2020 besitzen die unteren 25 Prozent der Bevölkerung kein Nettovermögen, bzw. es überwiegen die Schulden. Die unteren 50 Prozent besitzen ein durchschnittliches Nettovermögen von gerade mal 22.000 Euro, also nicht mehr als einen gebrauchten Kleinwagen und ein paar Groschen auf der Bank. Die obersten

10 Prozent kommen auf 279.000 Euro und die Top-1-Prozent auf 1,4 Millionen. Die reichsten 0,1 Prozent haben ein durchschnittliches Nettovermögen von 5,5 Millionen. Allerdings stammen diese Zahlen aus Stichproben des Soziol-oekonomischen Panels (SOEP) des Jahres 2017. Neuere Zahlen gibt es nicht! Auch keine amtlichen – denn, weil es keine Vermögensteuer gibt, gibt es auch keine Vermögensstatistik. Von 2017 bis 2023 dürften durch den Immobilienboom und die hohen Börsenkurse die Vermögenswerte noch viel höher liegen. Zudem erfassen die Stichproben des SOEP die obersten Vermögensschichten nur sehr unzureichend. Das Gold im heimischen Safe und die Anlagen in überseeischen Steuerparadiesen werden sicherlich nicht in die Statistik einfließen. Noch aussagekräftiger zur Erklärung der sozialen Schieflage ist die prozentuale Verteilung des Vermögens. Die reichsten 10 Prozent besitzen 67 Prozent des Gesamtvermögens und auf die Superreichen 1 Prozent entfallen 35 Prozent. Die Entwicklung der letzten 15 Jahre zeigt eine eindeutige Tendenz: Die untere Hälfte der Bevölkerung hat ein gleichbleibendes Vermögen, nämlich fast keines. Die obere Hälfte hat einen Vermögenszuwachs mit steigender und die obersten 10 Prozent mit einer stark steigenden Tendenz. Die amerikanischen Ökonomen Emmanuel Saez und Gabriel Zucman sprechen in diesem Zusammenhang vom »Triumph der Ungerechtigkeit«.

Diese Entwicklung hat sehr viel mit der Schieflage unseres Steuersystems zu tun. Diese Schieflage ist den wirtschaftspolitischen Entwicklungen der letzten Jahrzehnte geschuldet. Bis in die 70er Jahre des letzten Jahrhunderts bestand in der Bundesrepublik – parteiübergreifend – ein Konsens, dass die soziale Marktwirtschaft das beste Modell zur allgemeinen Wohlstandsmehrung sei. Nicht nur betriebliche Mitbestimmung, Lohnfortzahlung im Krankheitsfall und Arbeitnehmersparzulagen bestimmten das soziale Gefüge, sondern auch steuerliche Maßnahmen, wie eine Vermögensteuer, ein progressiver Einkommensteuersatz bis 56 Prozent und eine gleichmäßige Besteuerung aller Einkunftsarten, waren relativ unumstritten. Die Verbrauchsteuern waren insbesondere durch moderate Mehrwertsteuersätze gekennzeichnet. In den Anfangszeiten der Bundesrepublik gab es sogar eine echte »Umverteilungssteuer« – die Lastenausgleichsabgabe. Die Ungleichheit war auch damals deutlich. Das reichste 1 Prozent der Bevölkerung besaß 25 Prozent (im Gegensatz zu den heutigen 35 Prozent) des Volksvermögens. Reiche wurden 30 Jahre lang mit einer Abgabe von 1,6 Prozent ihres Vermögens belastet. Ausgangspunkt waren die ökonomischen und sozialen Verwerfungen des Zweiten Weltkrieges. Man reagierte auf die Krise mit sozialstaatlichen Mitteln und war damit erfolgreich. In den 80er Jahren wurde der sozialstaatliche Konsens ausgehend von den USA und Großbritannien aufgekündigt. Reaganomics und Thatcherismus, benannt nach dem amerikanischen Präsidenten Ronald Reagan und der britischen Premierministerin Margaret Thatcher, setzten das neoliberale Wirtschaftsmodell durch. Der Staat sollte möglichst wenig in die Wirtschaftskreisläufe eingreifen – ja sich sogar von wirtschaftlichen Unternehmen wie der Telekomunikation, der Post, der Bahn und Energieversorgungsunternehmen trennen. Deregulierung hieß das große Schlagwort. Insbesondere war damit auch die Deregulierung der Finanzmärkte gemeint. In Deutschland ging diese Entwicklung einher mit der Senkung des Spitzensteuersatzes bei der Einkommensteuer auf 48 Prozent und der Abschaffung der Kapitalverkehrsteuer und der Börsenumsatzsteuer. Sozialpolitisch wurde auf die sogenannte Trickle-down-Theorie gesetzt. Dahinter steht die Annahme, dass die freie Entfaltung der Märkte, gekoppelt mit niedrigen Steuersätzen, Wachstum und Wohlstand produzieren würde, der dann auch auf ärmere Schichten »durchsickere«. Parallel dazu wurde der freie Binnenmarkt der Europäischen Gemeinschaft ausgebaut, der mit dem Vertrag von Maastricht durch den freien Kapital- und Personenverkehr 1986 seinen Abschluss fand. Mit dem Zusammenbruch der Sowjetunion und des sozialistischen Lagers 1990 setzte dann eine Globalisierungswelle ungeahnten Ausmaßes ein. Unternehmen konnten global tätig werden und sich der nationalen Steuerpflicht weitgehend entziehen. Für gut ausgebildete Arbeitnehmer galt dies zum Teil ebenfalls. Für viele Nationalstaaten hatte dies insofern negative Folgen, als dass die Basis für ihr Steueraufkommen in Gefahr geriet. Und nicht einmal die Europäische Union war imstande, das Steuerrecht ihrer Mitgliedsstaaten zu harmonisieren. Die »Friedensdividende« gab es nur für die mobilen Ober- und Mittelschichten. Die Staatsausgaben stiegen in der neuen Bundesrepublik auch wegen der Wiedervereinigung rapide an. Die Regierung Schröder reagierte mit drastischen Sozialkürzungen der Agenda 2010, besser bekannt als »Hartz IV«-Gesetze, und Steuersenkungen für die Wohlhabenden, etwa mit der Senkung des Grenzsteuersatzes auf 42 Prozent bei der Einkommensteuer und mit einem Körperschaftsteuerhöchstsatz von 15 Prozent. Die Vermögensteuer wurde 1996 ausgesetzt und bis dato nicht wieder eingeführt. Die auf Rot-Grün nachfolgende große Koalition versuchte, die so aufgetanen Steuerlücken mit der Erhöhung des Mehrwertsteuersatzes von 16 auf 19 Prozent zu kompensieren, also einer Verlagerung des Steueraufkommens hin zu den Verbrauchsteuern, die die ärmere Bevölkerung stärker belastet als die Wohlhabenderen.

Dies alles zusammen führte zu der Ungleichheitssituation, die wir heute vorfinden. Doch die Haushaltspolitik der Ampel-Regierung reagiert auf die krisenhaften Zustände der »Zeitenwende« (Olaf Scholz) nur durch eine höhere Verschuldung. Eine kritische Bestandsaufnahme des Steuersystems steht nicht auf der Tagesordnung. Diese ist aber dringend erforderlich, weil das bestehende System Dutzende von Privilegien enthält, die die Wohlhabenden begünstigen und die Schere zwischen Arm und Reich zementieren. Diese Privilegien, Ausnahmetatbestände, Freibeträge und sonstige Begünstigungen sind für den Normalbürger alles andere als transparent. Sie verschleiern nur die Ungerechtigkeiten und nähren den Mythos, dass Deutschland ein Hochsteuerland wäre. Das Ziel der nachfolgenden Ausführungen ist es daher, Licht in das Dunkel des deutschen Steuerdschungels zu bringen und mit den weitverbreiteten Steuermythen aufzuräumen. Mythen können sich nur bilden, wenn Unwissenheit herrscht. Die Undurchsichtigkeit unseres Steuersystems führt dazu, dass es den Lobbygruppen der Wohlhabenden immer wieder gelingt, Unwahrheiten, Halbwahrheiten und verzerrte Darstellungen über unsere Steuern zu verbreiten.

STEUERN – STETS UMSTRITTEN, OFT UNGERECHT

Daher soll im Nachfolgenden unser Steuersystem in Grundzügen skizziert werden. Ein Blick in die Genese der Steuer kann dies erleichtern. Erst in der Neuzeit, also beginnend mit dem 16. Jahrhundert, beginnt die moderne Staatlichkeit. Und damit auch die Anfänge des Steuerstaates. Der moderne Staat entsteht durch die Zunahme der staatlichen Aufgaben und durch Zentralisation. Die neuen Aufgaben – stehende Heere, Ausbau der Infrastruktur, zentrale Verwaltungen usw. – erfordern mehr staatliche Ausgaben. Nachdem sich die Geldwirtschaft durchgesetzt hat, können diese Mittel auch leichter eingetrieben und verwendet werden. Steuern lösen die Naturalabgaben und Hand- und Spanndienste des Mittelalters ab. Die Einführung von Steuern stieß aber meistens auf Widerstand. Steuern sind stets hoch politisch, betreffen sie doch die Beziehungen zwischen Herrschern und Beherrschten. Die Geburtsstunde der Vereinigten Staaten von Amerika geht auf einen Steuerstreit mit der britischen Krone zurück. »No taxation without representation«, wird nicht nur zum Schlachtruf der nach Unabhängigkeit strebenden Kolonisten, sondern prägt bis heute die politische Auseinandersetzung in Demokratien: Steuerbewilligung geht nur über das Volk bzw. dessen Vertreter.

Auch die Französische Revolution war zum Teil eine Steuerrevolte, ging es doch um die Abschaffung der (Steuer)-Privilegien des Feudalstaates. Stets ging es um legitime Interessen des Staates und die ökonomischen Möglichkeiten der potenziellen Steuerzahler. Der französische Finanzminister unter Ludwig dem XIV., Jean-Baptiste Colbert, brachte es auf den Punkt: »Die Kunst der Besteuerung besteht ganz einfach darin, dass man möglichst viele Federn bei möglichst wenig Geschrei erhält.« Es geht also um die Effektivität des Steuersystems unter der Prämisse, dass bestimmte Gruppen sich immer gegen die Besteuerung wehren werden. Manche Gruppen sind darin sehr erfolgreich. Dies macht es auch so schwierig, ein gerechtes Steuersystem zu etablieren. Die Französische Revolution von 1789 war in puncto Steuern zunächst erfolgreich: Die Steuerbefreiung von Klerus und Adel wurde abgeschafft. Und ein ganz wichtiger Meilenstein einer gerechten Besteuerung wurde mit der Erklärung der Menschen- und Bürgerrechte postuliert – der Grundgedanke der steuerlichen Leistungsfähigkeit. Er besagt, dass die Kosten des Staates »unter allen Bürgern im Verhältnis zu ihren Vermögensverhältnissen auf gleiche Weise verteilt werden« müssten. Was diese Gleichmäßigkeit im Einzelnen bedeutet, ist heillos umstritten. Nur selten gibt es einen Konsens über Steuergerechtigkeit bzw. Steuerungerechtigkeit. Als die britische Regierung unter Margaret Thatcher 1986 eine Kopfsteuer (*poll tax*) einführen wollte, war der Ungerechtigkeitscharakter offensichtlich und der allgemeine Aufschrei so groß, dass die Premierministerien zurücktreten musste. In Frankreich beruhte der »Aufstand der Gelbwesten« im Jahr 2019 zum großen Teil auf einer pauschalen Erhöhung der Energiesteuer, die die ärmere Bevölkerung überproportional betraf. Die beiden Beispiele zeigen aber auch, dass grob ungerechte Steuergesetze auch geändert werden können – wenn der öffentliche Druck nur groß genug ist.

In der Bundesrepublik ist das Thema Steuern politisch ebenso hoch aufgeladen. Die Diskussion über ein gerechtes Steuersystem wird aber oft nicht seriös geführt. Dies nicht nur deshalb, weil damit parteipolitische Interessen einhergehen, sondern weil mittlerweile das deutsche Steuerrecht so komplex geworden ist, dass der Ungerechtigkeitscharakter unseres Steuersystems für die meisten Menschen nur schwer erkennbar ist. Nicht einmal ausgewiesene Steuerexperten haben einen Gesamtüberblick. Der ehemalige Richter am Bundesverfassungsgericht, Paul Kirchhof, stellte dazu resignierend fest: »Ich kann ein Recht nicht als gerecht verstehen, wenn ich das Recht nicht verstehe.«

Ein Grundverständnis des deutschen Steuerrechts

Zur Komplexität unseres Steuersystems trägt schon bei, dass es in der Bundesrepublik Bundes-, Landes- und Gemeindesteuern gibt. Politisch besonders interessant ist, wer die Bewilligungshoheit hat, wem die Einnahmen zufließen und wer die Steuern eintreiben darf oder muss. Im Jahr 2020 betrug das Steueraufkommen von Bund, Ländern und Gemeinden 740 Milliarden Euro. Auf die Einkommensteuern (Lohnsteuer, Körperschaftsteuer, Kapitalabschlagsteuer und veranlagte Steuern) entfielen 45,9 Prozent, auf die Umsatzsteuer (Mehrwertsteuer) 29,7 Prozent, auf die Erbschaftsteuer 2 Prozent und auf Energiesteuern 5,1 Prozent. Auf alle Verbrauchsteuern zusammen etwa 42 Prozent. Im Gegensatz zu den einkommensabhängigen Steuern gibt es bei den Verbrauchsteuern (Konsumsteuern) keine Ausnahmen, keine Freibeträge und bis auf den niedrigeren Mehrwertsteuersatz auf Lebensmittel und andere begünstigte Güter auch keine soziale Komponente. Man könnte auch sagen: Hier gibt es keine Gestaltungsmöglichkeiten. Außerdem sind die Verbrauchsteuern leicht zu erheben und zu verwalten. Meistens sind sie im Preis der Güter und Dienstleistungen versteckt und werden daher nicht so belastend empfunden wie eine kräftige Einkommensteuernachzahlung oder der hohe Lohnsteueranteil bei der Gehaltsabrechnung. Der Mehrwertsteuer oder Energiesteuer kann man sich nicht entziehen. Dies ginge nur über einen Konsumverzicht oder auf Kosten einer kalten Wohnung. Beide Steuern wirken regressiv, das heißt, dass ärmere Bevölkerungskreise im Verhältnis wesentlich mehr betroffen sind als wohlhabendere, weil bei ersteren meist das gesamte Einkommen in den Konsum fließt.

Übrigens: Bei den Sozialversicherungsbeiträgen haben wir in etwa die gleiche Situation wie bei den Verbrauchsteuern: Es gibt keine Freibeträge; die Abzüge beginnen mit dem ersten verdienten Euro. Bisher wenig Beachtung fand auch die Tatsache, dass die Energiesteuern ebenfalls regressiv wirken. Wer eine Villa mit 10 Zimmern beheizt oder einen schweren SUV fährt, zahlt nominell den gleichen Steuersatz auf Erdgas oder Benzin wie der Mieter einer Zweizimmerwohnung oder der Fahrer eines Kleinwagens. Das Verhältnis zwischen Ertragsteuern und Verbrauchsteuern ist damit ein hochpolitisches. Der Anteil der Verbrauchsteuern und Sozialversicherungsbeiträge steigt stetig, und der Anteil der Ertragsteuern geht zurück. Am Beispiel der Mehrwertsteuer ist dies deutlich zu sehen. 1975 betrug ihr Anteil noch ca. 22 Prozent; 2020 sind es schon ca. 30 Prozent am gesamten Steuermix. Durch die aktuellen inflationären Tendenzen wird sich der Anteil der Mehrwertsteuer weiter erhöhen. Als Zwischenfazit bleibt festzuhalten, dass die ärmeren Schichten veritable Steuer- und Abgabenzahler sind. Diese Tatsache fällt oft unter den Tisch, wenn die vermeintliche Steuerlast der Wohlhabenden thematisiert wird.

Ebenso wird, besonders in den konservativen Medien, meist von nominellen Steuersätzen ausgegangen und nicht von durchschnittlichen. Die Tageszeitung *Die Welt* spricht 2017 von einem staatlichen Raubrittertum, bei der die Gesamtbelastung der »normalen« Bürger schon bei knapp 50 Prozent liegen würde. Verschwiegen wird dabei, dass der durchschnittliche Einkommensteuersatz bei einem Bruttoverdienst von 40.000 Euro nur 20,4 Prozent beträgt. Unter Einberechnung des Splittingtarifes werden die 20,4 Prozent erst bei 80.000 Euro Bruttoverdienst erreicht. Leider gehen viele Bürger den Populisten von Parteien und den Lobbyisten der Wohlhabenden auf den Leim.

Der moderne Staat kann nicht schon deswegen als Steuerstaat bezeichnet werden, weil er seinen Bürgern sehr viel von ihrem Einkommen und ihrem Konsum im Wege von Steuern einbehält, sondern weil er ein Sozialstaat ist. Der Sozialstaat ist die Antwort auf die Erweiterung der Staatsaufgaben, und diese Aufgaben müssen finanziert werden – eben meist über die Steuer. Im 19. Jahrhundert waren es die sozialen Sicherungsmaßnahmen wie die Einführung von Renten-, Kranken- und Unfallversicherung, die Anfang des 20.Jahrhundert durch die Arbeitslosenversicherung ergänzt wurden. Im 21. Jahrhundert muss der Staat Wirtschaftskrisen abfedern, die natürlichen Lebensgrundlagen sichern, den Klimawandel bekämpfen und für Cybersicherheit sorgen. Zur Sozialstaatlichkeit gehört auch, die extreme Ungleichheit abzubauen, wie sie etwa zu Beginn des 20. Jahrhunderts in ganz Europa noch vorherrschte. So besaßen am Vorabend des Ersten Weltkrieges die obersten 10 Prozent der Bevölkerung überall mehr als 80 Prozent des Privatvermögens und die unteren 50 Prozent nur zwischen ein und zwei Prozent. Für den Abbau dieser Ungleichheit waren schon in der Weimarer Republik im Wesentlichen zwei steuerliche Maßnahmen verantwortlich: die Einführung einer progressiven Einkommen- und Erbschaftsteuer, teilweise auch eine Vermögensteuer. Die junge Bundesrepublik startete ebenfalls mit relativ hohen Einkommensteuersätzen – und der erwähnten Vermögensabgabe. Seit den 1980er Jahren nimmt die Ungleichheit aber wieder zu. Der Grenzsteuersatz bei der Einkommensteuer wurde gesenkt, die Vermögensteuer ausgesetzt und die Erbschaftsteuer durch hohe Freibeträge und Ausnahmeregelungen niedrig gehalten. Ganz gravierend sind aber auch die vielen legalen Steuerprivilegien der Wohlhabenden, die die sozialstaatlichen Wirkungen der

Steuerprogression zunichtemachen und die Ungleichheit wieder anwachsen lassen. Natürlich müssen wir auch über die illegalen Möglichkeiten sprechen, die unser Steuersystem ermöglicht.

WER IST WOHLHABEND?

Wer als wohlhabend angesehen werden kann, bestimmt sich nach dem Einkommen und dem Vermögen. Beide Komponenten beeinflussen sich gegenseitig. Wer ein hohes Einkommen bezieht, hat normalerweise auch ein beträchtliches Vermögen, und wer ein hohes Vermögen hat, kann auch ohne Arbeit Einkünfte daraus erzielen, nämlich über Beteiligungen, Kapitaleinkünfte und Vermietungen. Die Ungleichheit bei der Vermögensverteilung ist – wie wir gesehen haben – eklatant. Bei der Einkommensverteilung ist die Ungleichheit nicht so stark ausgeprägt. Die Einkommensverteilung korrespondiert mit der Schichtzugehörigkeit. Die Selbsteinschätzung bezüglich der Schichtzugehörigkeit ist jedoch meist subjektiv und zuweilen auch politisch aufgeladen. Der Fraktionsvorsitzende im Bundestag und CDU-Vorsitzende, Friedrich Merz, zählt sich selbst zur »gehobenen Mittelschicht«. Laut einem Bericht des Magazins *Focus* hat er ein Jahreseinkommen von ca. einer Million Euro und ein Vermögen von ca. 12 Millionen Euro. Zur Hochzeit von Finanzminister Lindner erschien er im eigenen Privatflugzeug. Bundeskanzler Olaf Scholz gibt sich wie immer abwägend. Gemessen am Durchschnitt wäre er nach eigener Auskunft »reich«. Über seine Einkünfte außerhalb des Kanzlergehalts und Bundestagsmandats sowie über sein Vermögen gibt es keine Informationen. Bundestagsabgeordnete müssen darüber auch keine Auskunft geben. Nur grobe Selbstdefinitionen in einem zehnstufigen System sind gesetzlich festgelegt. Ein Abgeordneter oder eine Abgeordnete erhält jährlich Bezüge, inkl. Aufwandsentschädigung, in Höhe von ca. 180.000 Euro, also 15.000 Euro im Monat.

Einkommensreich ist man in Deutschland, wenn man über 250 Prozent des Netto-Durchschnittseinkommens verfügt. Dieses lag im Jahr 2020 für Singles bei 2.050 Euro im Monat und bei einem Familienhaushalt mit zwei Kindern bei 4.200 Euro. Zu den obersten 10 Prozent der Einkommensbezieher zählt man mit einem Monatseinkommen von 3.700 Euro als Single und 7.500 Euro bei einem Vier-Personen-Haushalt. Diese Personengruppe zählt damit sicherlich zu den Wohlhabenden. Wenn es um Steuergerechtigkeit geht, dann müssen aber auch steuerliche Kriterien in die Definition einfließen.

Hier kommt wieder der Progressionseffekt der Einkommensteuer ins Spiel. Wer mit seinem Einkommen den Grenzsteuersatz von 42 Prozent erreicht hat, kann auch mit allen steuerlichen Absetzungspositionen von diesem Satz profitieren. Für das Jahr 2022 sind die 42 Prozent für einen Singlehaushalt bei 58.000 Euro zu versteuerndem Jahreseinkommen (entspricht etwa 85.000 Euro brutto) erreicht. Bei zusammen veranlagten Personen sind es 110.000 Euro (entspricht etwa 140.000 Euro brutto). Dies dürften mindesten 15 Prozent der Steuerpflichtigen sein. Nach den Daten des SOEP ergibt sich ein ähnliches Bild: Etwa 3,5 Prozent der deutschen Bevölkerung zählen zu der einkommensreichen Schicht oder Oberschicht, ca. 16,5 Prozent zur oberen Mittelschicht. Genau dieser Personenkreis profitiert von der Schieflage unseres Steuersystems. Mit Hilfe des Steuerrechts haben die obersten 10 Prozent der Einkommensbezieher ihren Anteil am Gesamteinkommen seit 1991 von 20,5 Prozent auf 24 Prozent steigern können. Der Anteil der Mitte ist leicht gestiegen, und die untere Hälfte hatte Einbußen zu verzeichnen. Beim Vermögen ist die Entwicklung der letzten 15 Jahre nicht anders: Die untere Hälfte hat ein gleichbleibendes Vermögen, nämlich fast gar keines, die obere Hälfte hat eine leicht steigende Tendenz und die obersten 10 Prozent eine stark steigende.

Wenn wir von Wohlhabenden sprechen, ist damit also eine Personengruppe gemeint, die ca. 15 bis 20 Prozent der Bevölkerung ausmacht. Die Abgeordneten des Bundestages und der Landtage gehören sicherlich dazu. Sie liegen mit ihren Gehältern auch jenseits des Grenzsteuersatzes von 42 Prozent, das heißt, dass auch ihnen alle Steuervergünstigungen überproportional zugutekommen. Die Gruppe der Reichen macht etwa drei Prozent der Haushalte aus. Wie diese Gruppen sich auch durch das Steuerrecht bereichern konnten, soll im Folgenden dargestellt werden. Doch zunächst zu den wichtigsten Prinzipien unseres Steuerrechts, die eigentlich für ein gerechtes Steuersystem stehen sollten, jedoch nicht immer durchgehalten werden.

STEUERPRINZIPIEN – GUTE ANSÄTZE, DIE SICH ABER ZUWEILEN WIDERSPRECHEN

Die wichtigsten Grundsätze unseres Steuerrechts stellen das Prinzip der Gleichmäßigkeit der Besteuerung, das Effizienzprinzip und der Grundsatz der Leistungsfähigkeit dar. Diese Prinzipien greifen in unterschiedlicher Weise bei den Ertrags-, Konsum- und Substanzsteuern und haben sehr viel mit Gerechtigkeitserwägungen zu tun.

Der Grundsatz der Gleichmäßigkeit der Steuer bedeutet einmal, dass es keine Einzelfallsteuergesetze geben darf, etwa dass eine bestimmte Personengruppe von der Steuer befreit ist, wie es der Adel und Klerus lange Zeit waren. Heutzutage müssen auch Priester Einkommensteuer bezahlen, aber die Kirche als Körperschaft des öffentlichen Rechts ist beispielsweise von der Körperschaftsteuer befreit. Der Gleichmäßigkeitsgrundsatz wird auch im Umsatzsteuerrecht nicht durchgehalten. So sind manche Umsätze von der Steuer befreit oder unterliegen einem ermäßigten Steuersatz. Dem Effizienzprinzip zufolge sollten Steuern bei geringstmöglichem Verwaltungsaufwand höchstmögliche Einnahmen und möglichst wenige Anreizverzerrungen für die Steuerzahler generieren. Dies ist mit auch der Grund dafür, dass die Verbrauchsteuern wie die Mehrwertsteuer immer bedeutender werden. Sie sind leicht zu erheben, werden meist zentral abgeführt und zeichnen sich mit eher wenig Ausnahmetatbeständen aus. Im Gegensatz zu den Ertragsteuern sind auch kaum Anreizverzerrungen, besser gesagt Umgehungsstrategien, möglich. Sozialpolitisch am wichtigsten ist der Grundsatz der Leistungsfähigkeit. Er bedeutet, dass jeder Steuerpflichtige nach seiner (ökonomischen) Leistungsfähigkeit zur Steuerzahlung herangezogen werden soll. Im Einkommensteuerrecht drückt sich der Grundsatz der Leistungsfähigkeit im progressiv ansteigenden Tarif aus. Dieser beginnt bei 14 Prozent des zu versteuernden Einkommens und endet bei 42 Prozent. Ab einem Betrag von 277.826 Euro (bei Alleinstehenden) steigt er auf 45 Prozent, dem sogenannten Reichensteuersatz. Für die Anwendung des jeweiligen Steuersatzes zählt nicht etwa das Bruttoeinkommen, sondern das Einkommen, das nach Abzug aller Werbungskosten, Betriebsausgaben, Vorsorgeaufwendungen, Freibeträgen und sonstigen Absetzungspositionen noch übrigbleibt. Wer als Alleinstehender mehr als 58.597 oder bei zusammen Veranlagten über 117.194 Euro zu versteuern hat, wird mit einem Grenzsteuersatz von 42 Prozent belegt. Ab diesen Beträgen gehen von jedem zusätzlich verdienten Euro 42 Cent an das Finanzamt. Unter Umständen kommt noch Kirchensteuer dazu, bei den hohen Einkommen (ab 73.000 bzw. 151.000 Euro) auch noch 5,5 Prozent Solidaritätszuschlag. Bei der Erbschaftsteuer gibt es eine ähnliche, aber abgeschwächte Regelung. Je nach Verwandtschaftsgrad und Höhe der Erbmasse steigt auch dort der Steuertarif. Bei der Körperschaftsteuer gibt es nur einen linearen Tarif, nämlich 15 Prozent. Auch bei den Einkünften aus Kapitalvermögen gilt ein gleichmäßiger Tarif von 25 Prozent. Dies ist wohl ein Verstoß gegen den Grundsatz der Gleichmäßigkeit der Besteuerung. Warum soll hier der Tarif niedriger sein als bei den sechs anderen Einkunftsarten?

Der progressive Steuertarif stellt eine der großen Errungenschaften des Sozialstaates dar. Dieser sozialpolitisch einleuchtende Grundsatz entfaltet aber paradoxerweise seine gegenteilige Wirkung, insbesondere, wenn Sozialleistungen über die Einkommensteuer ausgeschüttet werden. Es findet eine Tarifumkehr statt, denn Wohlhabende erhalten dadurch erheblich mehr als sozial Bedürftige, nämlich 42 Prozent und mehr des jeweiligen Steuerfreibetrages. Man könnte auch sagen: Das deutsche Steuersystem schüttet jährlich Milliarden an die Wohlhabenden aus. Kurioserweise tauchen die progressionsbedingten Steuerersparnisse nicht im Subventionsbericht der Bundesregierung auf.

2. Die soziale Schieflage bei der Einkommensteuer

2. Die soziale Schieflage bei der Einkommensteuer

Unser Einkommensteuerrecht ist äußerst komplex und damit fast zwangsläufig anfällig für Gestaltungsspielräume, um nicht zu sagen für Umgehungsstrategien. Der Einkommensteuer unterliegen sieben Einkunftsarten: gewerbliche, selbständige, nichtselbständige, Kapitaleinkünfte, Einkünfte aus Land- und Forstwirtschaft, aus Vermietung und Verpachtung und sonstige Einkünfte, wie etwa Renten. Das Steuerrecht muss daher differenziert auf die unterschiedlichen wirtschaftlichen Voraussetzungen eingehen. Sollen auch noch die unterschiedlichen persönlichen Voraussetzungen gewürdigt werden, wird es noch komplizierter. Will der Gesetzgeber dazu sozialpolitische Forderungen einbringen, wird es ganz unübersichtlich. Mit Steuern kann gesteuert werden – wirtschaftspolitisch wie gesellschaftspolitisch. Beginnen wir mit den sozialstaatlichen Positionen bei der Einkommensteuer.

Der Grundfreibetrag – eigentlich eine gerechte Angelegenheit

Bis zur Höhe dieses Freibetrages fällt keine Einkommensteuer an. Bis 1974 bewegte er sich auf einem sehr niedrigen Niveau, nämlich bei 1.680 DM. Ab 1996 stieg er spürbar an, auf 12.096 DM. Danach wurde der Grundfreibetrag wegen der gestiegenen Lebenshaltungskosten stetig angepasst. Für 2022 betrug er 10.347 Euro. 2023 wurde er auf 10.908 Euro erhöht. Verantwortlich dafür war eine Entscheidung des Bundesverfassungsgerichts, die besagte, dass das Existenzminimum eines Menschen nicht besteuert werden dürfe. Das Bundesverfassungsgericht verwies auf das Existenzminimum, das dem Sozialhilferecht zugrunde liegt. Definiert ist es durch den Preis von Gütern und Dienstleistungen, die ein Mensch unbedingt zum Leben braucht. Nach dieser Rechtsauffassung liegt das Existenzminimum eines Kindes niedriger als das eines Erwachsenen. Nach dem Sozialhilferecht gibt es sogenannte Bedarfsgemeinschaften, also Ehegatten oder nicht verheiratete Paare, die zusammenleben, denn in einer Haushaltsgemeinschaft kann einiges eingespart werden. In diesem Fall wird das Existenzminimum also geringer bewertet. Im Einkommensteuerrecht gibt es dagegen keine Bedarfsgemeinschaften. Im Falle der Zusammenveranlagung erhalten Ehegatten den Grundfreibetrag also doppelt. Man könnte auch sagen: Das Sozialrecht diskriminiert und das Steuerrecht privilegiert Lebensgemeinschaften. Von der Einheitlichkeit der Rechtsordnung keine Spur!

Die Gestaltung des Grundfreibetrages hat beträchtliches sozialpolitisches Gewicht. Dazu muss man wissen, dass der Grundfreibetrag nicht vom Einkommen abgezogen wird und daher nicht die tarifliche Bemessungsgrundlage reduziert. Ein umgekehrter Progressionseffekt entfällt damit. Somit ist die steuerliche Auswirkung des Grundfreibetrages für Herrn Großschmidt und Frau Kleinschmidt gleich. Dennoch ergibt sich eine soziale Schieflage, denn unter Umständen gibt es den Freibetrag doppelt.
Hat ein Kind eigene Einkünfte, so kommt ebenfalls der Grundfreibetrag zur Anwendung, etwa wenn ein Kind eine Erbschaft gemacht hat oder eine große Schenkung von den Eltern erhalten hat und dadurch erhebliche Einkünfte aus Kapitalvermögen hat. In einem anderen Fall kann ein Kind schon in der Berufsausbildung oder während des Studiums relativ hohe Einkünfte durch Erwerbstätigkeit erzielen. Als Beispiel dafür kann man die Studierenden der Universitäten der Bundeswehr anführen, die bereits während ihres Studiums ein Leutnantsgehalt (Besoldungsgruppe A 9) von ca. 40.000 Euro brutto im Jahr erhalten. Weil sie sich in Ausbildung befinden und unter 25 Jahre alt sind, bekommen die Eltern dafür den Kinderfreibetrag. Dieser beträgt zusammen mit dem Ausbildungs- und Betreuungsbetrag aktuell 8.952 Euro. Somit gibt es den Grundfreibetrag praktisch doppelt, einmal zur Sicherung des Existenzminimums des Steuerpflichtigen (hier als einkommensbeziehender Soldat) und dann noch einmal zur Sicherung des Existenzminimums des Studierenden über die Eltern. Bis 2011 konnte man diese Regelung aus sozialen Gesichtspunkten nachvollziehen, denn bei eigenen Einkünften über 8.004 Euro gab es keinen Kinderfreibetrag mehr. Dann wurde diese Regelung durch das »Steuervereinfachungsgesetz« vom 01.11.2011 der konservativ-liberalen Koalition abgeschafft. Steuervereinfachung zur Verschleierung von Steuerungerechtigkeit! Wie wir später sehen werden, wird auch mit dem Argument des »Bürokratieabbaus« manchmal eine sozial ausgewogene Besteuerung verhindert. Seit dem Jahr 2012 gibt es den Grundfreibetrag damit doppelt – einmal für die Eltern im Wege des Kinderfreibetrages und dann auch noch für das Kind als eigenständigen Freibetrag. Eine wohl verfassungswidrige Begünstigung!

Kindergeld und Kinderfreibetrag – Die Wohlhabenden bekommen mehr!

Wenn Ihnen jemand sagen würde, dass Wohlhabende bis zu 100 Euro im Monat mehr an Kindergeld erhalten als Gering- und Normalverdiener – Sie würden es wahrscheinlich nicht glauben! Und doch entspricht es der Realität. Ohne Kindergeld würden viele Familien finanziell nicht über die Runden kommen. Daher ist das Kindergeld eine echte soziale Errungenschaft. Für ein Kind gibt es ab dem Jahr 2023 250 Euro an Kindergeld (bis 2022 219 Euro). Kindergeld gibt es für Arme und Reiche bis zur Vollendung des 18. Lebensjahres, für Kinder in Ausbildung bis zur Vollendung des 25. Lebensjahres. Mit der Gleichheit bei der Kinderunterstützung ist es aber schnell vorbei. Mit Recht könnte man der Auffassung sein, dass es ab einer bestimmten Einkommenshöhe kein Kindergeld mehr geben sollte – wozu brauchen Millionäre Kindergeld? Es ist aber gerade umgekehrt. Schuld ist der steuerliche Kinderfreibetrag. Dieser beträgt ab dem Jahr 2023 jährlich zusammen mit dem Betreuungs- und Ausbildungsfreibetrag 8.952 Euro (bisher 8.388 Euro) für zwei Elternteile. Hat das Kind eigene Einkünfte, dann werden diese nicht angerechnet. Auch das eigene Vermögen spielt keine Rolle, welches durchaus beträchtlich sein kann, z.B. wenn die Eltern zur Vermeidung einer späteren Erbschaftsteuer dem Kind schon früh Vermögensanteile überlassen haben. So kann es vorkommen, dass es Kindergeld und Kinderfreibeträge für Millionäre gibt, selbst wenn die Kinder schon Millionäre sind.

Die Besserstellung der Wohlhabenden geht so: Der steuerliche Kinderfreibetrag wird bei der Einkommensteuerveranlagung immer angesetzt und dann mit den Kindergeldzahlungen verglichen. Wenn die steuerliche Auswirkung durch den Progressionseffekt höher als das Kindergeld ist, wird der Kinderfreibetrag in Höhe in Höhe von 8.952 Euro berücksichtigt. Ab einem zu versteuernden Einkommen von ca. 38.000 Euro bei einer Einzelveranlagung und ca. 70.000 Euro bei der Zusammenveranlagung wirkt sich der Kinderfreibetrag schon höher aus als die Kindergeldzahlungen. Rechnet man bei Spitzenverdienern zum Grenzsteuersatz von 42 bzw. 45 Prozent noch Solidaritätszuschlag und Kirchensteuer hinzu, bekam man für das Jahr 2022 fast 50 Prozent des Kinderfreibetrages vom Finanzamt zurück. Wohlhabende, wie Herr Großschmidt, bekamen also bis zu 4.194 Euro (50 Prozent des Freibetrages von 8.388 Euro) gutgeschrieben. Bei der gering verdienenden Frau Kleinschmidt bleibt die Kinderunterstützung im gleichen Jahr bei jährlich 2.628 Euro (12 x 219 Euro) an Kindergeld. Der Unterschied von 1.566 Euro führt zu einer Privilegierung von mehr als 100 Euro im Monat. Für das Jahr 2023 fällt die Privilegierung wegen des gestiegenen Kindergeldes etwas geringer aus. Die strukturbedingte soziale Schieflage ändert sich jedoch nicht. Spätestens jetzt wird klar, dass auch die Kinderfreibetragsregelung wegen der Verletzung des Gleichheitsgrundsatzes als verfassungswidrig angesehen werden muss.

Anderswo gibt es gerechtere Lösungen. In Italien zum Beispiel ist die Auszahlung des Kindergeldes einkommensabhängig. Ab einem Jahreseinkommen von über 75.000 Euro gibt es überhaupt kein Kindergeld mehr.

Ausbildungsfreibetrag – Studieren wird belohnt, Arbeiten nicht!

Zusätzlich zum Kinderfreibetrag gibt es auch noch einen Ausbildungsfreibetrag (§ 33 a Abs. 2 EStG). Er beträgt ab 2023 1.200 Euro, bisher 924 Euro. Voraussetzung dafür ist, dass sich das Kind in Berufsausbildung befindet und auswärts untergebracht ist. Das Kind muss volljährig sein, und die Eltern müssen einen Anspruch auf Kindergeld bzw. Kinderfreibetrag haben. Als »auswärts« gilt auch eine eigene Wohnung im Elternhaus oder eine Eigentumswohnung, die den Eltern oder schon dem Jugendlichen gehört. Ob dieser Kosten für seine »auswärtige Unterbringung« hat, spielt keine Rolle. Eigene Einkünfte des Kindes und eigenes Vermögen werden nicht angerechnet. Bis 2012 wurden die eigenen Einkünfte des Jugendlichen noch gegengerechnet. Dem oben erwähnten »Steuervereinfachungsgesetz« von 2011 ist es zu verdanken, dass dies nicht mehr der Fall ist. Selbstverständlich wirkt sich der Ausbildungsfreibetrag über den umgekehrten Progressionseffekt bei Wohlhabenden stärker aus. Die meisten Arbeiterfamilien wie die Kleinschmidts kommen jedoch überhaupt nicht in den Genuss des Ausbildungsfreibetrages, denn deren volljährige Kinder sind meist nicht mehr in Berufsausbildung, sondern zahlen schon eigene Steuern und Sozialabgaben. Da nur ca. 24 Prozent der Kinder aus Arbeiterfamilien studieren, aber 71 Prozent aus Akademikerfamilien, werden Kinderfreibetrag und Ausbildungsfreibetrag für erwachsene Kinder überwiegend zu einer Subvention für Bildungsbürger und Wohlhabende. Übrigens: Der Ausbildungsfreibetrag firmiert im Gesetz als »außergewöhnliche Belastung in besonderen Fällen«.

Kinderbetreuungskosten statt Gebührenfreiheit

Für Kinder gibt es in unserem System nicht nur Sozialleistungen wie Kindergeld und Kinderfreibetrag. Auch familienpolitische Aspekte haben Eingang in das Einkommensteuerrecht gefunden. Ein Beispiel dafür stellen die steuerlichen Absetzungsmöglichkeiten für die Kinderbetreuung dar. Dafür können zwei Drittel der Betreuungskosten bis maximal 4.000 Euro pro Kind steuermindernd abgezogen werden (§ 10 Abs. Nr. 5 EStG). Absetzbar sind die Gebühren für Kindertagesstätten, Krippen oder für die Hausaufgabenbetreuung. Passt die Oma auf die Kinder auf, so kann dies ebenfalls von der Steuer abgesetzt werden. Allerdings muss die Oma das Entgelt dafür versteuern. Wenn die Oma wegen ihrer geringen Rente einen Grenzsteuersatz von 25 Prozent hat und Herr und Frau Großschmidt einen von 42 Prozent, dann lohnt sich der Einsatz der Oma für die Großfamilie. Begründet wird die Absetzungsmöglichkeit der Kinderbetreuungskosten damit, dass dadurch die Eltern verstärkt einer beruflichen Tätigkeit nachgehen können. Aber auch mit den gestiegenen Bildungschancen von nicht privilegierten Kindern wird argumentiert, denn auch ein Kindergartenbesuch trüge zur Bildung bei, jedenfalls mehr als das Verweilen in einem bildungsfernen Elternhaus. Im Fall der steuerlich geförderten Kinderbetreuungskosten wirkt sich der auch hier einsetzende umgekehrte Progressionseffekt noch stärker aus als beim Kinderfreibetrag, weil kein Kindergeld gegengerechnet wird. Gerechter wäre eine kostenlose Kinderbetreuung – für finanziell schwach gestellte Eltern allemal.

Aus Gerechtigkeitserwägungen vollkommen unverständlich ist dagegen die steuerliche Absetzbarkeit von Schulgeld (§ 10 Abs. 1 Nr. 9 EStG). Schicken wohlhabende Eltern ihr Kind auf ein teures Internat, sei es im Inland, in der Europäischen Union oder im Europäischen Wirtschaftsraum, so können sie bis maximal 5.000 Euro steuermindernd geltend machen. Begünstigt sind aber nur die Unterrichtskosten und nicht die Kosten für Unterbringung und Verpflegung. Die Privatschule Schloss Salem am Bodensee etwa verlangt mehr als 33.000 Euro im Jahr, inklusive Kost und Logis. Wenn man die Hälfte davon, also 16.500 Euro, für den Unterricht rechnet, dann kommt man ziemlich genau auf den maximalen Absetzungsbetrag von 5.000 Euro (30 Prozent von 16.500 = 4.950). Da Geringverdiener ihre Kinder wohl kaum auf Internate, geschweige denn auf so teure Einrichtungen, schicken werden, stellt der steuerliche Schulgeldabzug eine exklusive Förderung von wohlhabenden Familien, wie den Großschmidts, dar. Man könnte auch von einer Eliteförderung sprechen, die unserem Sozialstaatprinzip eigentlich fremd ist.

UMGEHUNGSMÖGLICHKEITEN AUCH BEIM FREIBETRAG FÜR ALLEINERZIEHENDE

Eine andere Art der Familienförderung soll der Entlastungsbetrag für Alleinerziehende (§ 24 b EStG) bewirken. Dieser Freibetrag sollte eigentlich das

Armutsrisiko alleinerziehender Elternteile zu mindern helfen. Immerhin gelten nach einer Studie der Bertelsmann Stiftung 43 Prozent der alleinerziehenden Haushalte als einkommensarm. Der Freibetrag wurde früher »Haushaltsfreibetrag« genannt und beträgt ab dem Jahr 2020 4.008 (ab 2023 4.260) Euro und steigert sich um jedes weitere Kind um 240 Euro. Voraussetzung für die Gewährung des Freibetrages ist auch hier der Anspruch auf Kindergeld bzw. dens Kinderfreibetrag. Da dieser Anspruch durch die eigenen Einkünfte des Kindes nicht geschmälert wird, bleibt der Freibetrag für Alleinerziehende auch dann bestehen, wenn das Kind auf die Unterstützung des Elternteils gar nicht angewiesen ist. Voraussetzung ist nur, dass das Kind im elterlichen Haushalt gemeldet ist. Eine auswärtige Unterbring etwa für Zwecke eines Studiums schadet nicht. Auch hier wird das sozialpolitische Ziel der Armutsbekämpfung verfehlt. Die meisten Kinder aus sogenannten einfachen Verhältnissen sind nämlich ab einem bestimmten Alter längst aus dem Haus und berufstätig. Nur das Bildungsbürgertum, mit dem Wunsch, ihre Kinder studieren zu lassen, wird wie beim Kinderfreibetrag gefördert – selbstverständlich auch hier mit dem umgekehrten Progressionseffekt. Das bedeutet im Umkehrschluss: Die geringverdienende Frau Kleinschmidt als alleinerziehende Mutter bekommt in etwa nur die Hälfte der Subvention, die etwa eine Managerin oder eine Studiendirektorin bekommt.

Für getrennt lebende oder geschiedene Eltern mit »Gestaltungswillen« eröffnen sich weitere Möglichkeiten. Sind mindestens zwei Kinder vorhanden, kann ein Kind bei der Mutter und ein Kind beim Vater angemeldet und für das jeweilige Kind Kindergeld beantragt werden. Schon gibt es den Freibetrag für Alleinerziehende doppelt. Umgehungsstrategien tun sich auch für Partnerschaften mit Kindern, sogenannten Patchworkfamilien, auf. Eine solche Partnerschaft wird steuerlich als Haushaltsgemeinschaft angesehen – und dann gäbe es auch keinen Freibetrag für Alleinerziehende. Lassen es die räumlichen Verhältnisse zu, so kann etwa eine vorhandene Dachgeschosswohnung an einen Partner vermietet werden, und schon gibt es die Haushaltsgemeinschaft nicht mehr. Die sich aus dieser (oft fiktiven) Konstruktion ergebenden Mieteinnahmen führen in der Regel auch zu keiner Besteuerung des vermietenden Partners, weil die anteilige Miete als Werbungskosten gegengerechnet werden kann. Unter Umständen kann der vermietende Partner sogar einen steuerlichen Verlust geltend machen. Manchmal braucht es gar keine künstliche Umgehungsstrategie durch eine Vermietung. Der Partner einer Alleinerziehenden bleibt einfach mit seinem Kind in einer anderen Wohnung gemeldet.

EHEGATTENSPLITTING – DIE BEGÜNSTIGUNG DER HAUSFRAUENEHE

Eine typisch deutsche Steuersubvention stellt das Ehegattensplitting dar. Nur weil das Grundgesetz Ehe und Familie unter den besonderen Schutz des Staates (Art. 6 GG) stellt, konnte es zu dieser Regelung kommen. 1957 erklärte das Bundesverfassungsgericht aus diesem Grund die damals geltende Besteuerung von Ehepaaren für nichtig, weil sie mehr Steuern zahlten, als wenn sie nicht verheiratet wären. Das Urteil ist nur aus seiner Zeit heraus zu verstehen und privilegiert Konstellationen, bei denen der eine Ehegatte viel, der andere wenig oder gar nichts verdiente. Das Gericht sowie die Mehrheit der Gesellschaft befürworteten die »Hausfrauenehe«, in der sich die Ehefrau um Haushalt und Kinder sorgte und der Ehemann für das Haushaltseinkommen zuständig war. Beim Ehegattensplitting handelt es sich um eine kuriose Rechenaufgabe: Das zu versteuernde Einkommen der Ehegatten wird getrennt ermittelt, dann addiert und durch zwei geteilt. Nur für diese Hälfte wird die Einkommensteuer nach Tabelle berechnet, dann wird das Ergebnis wieder verdoppelt. Es wird also so getan, als würden die Ehegatten gleich viel verdienen. Daher bringt das Splittingverfahren bei einem etwa gleichen Einkommen der Ehegatten auch keine Vorteile.

Die gesellschaftliche Realität der 50er Jahre des letzten Jahrhunderts sah meist so aus: Der Ehemann war erwerbstätig und die Ehefrau meist nicht. Und genau hier wirkt sich der Progressionseffekt aus. Weil man so tut, als gäbe es zwei Einkommen, wird der progressiv ansteigende Steuersatz gedrückt. Heute sind die Vorteile des Splittingverfahrens noch größer, weil durch die gestiegenen Gehälter viel mehr Steuerpflichtige in einem hohen Progressionsbereich liegen. Spitzenverdiener können bei entsprechender Konstellation bis 18.000 Euro im Jahr sparen. Diese Art der Besteuerung hat jedoch nicht nur den umgekehrten Progressionseffekt, wie wir ihn schon bei mehreren anderen Steuerabzugsmöglichkeiten gesehen haben. Viele Bezieher von geringen Einkommen können es sich zudem gar nicht leisten, dass nur ein Ehegatte arbeitet, sondern sind dringend auf ein zweites Einkommen angewiesen. Auf das Vorhandensein von Kindern wird beim Splittingverfahren keine Rücksicht genommen, obwohl Kinder in den Familien die meisten Kosten verursachen. Der Splittingeffekt kommt daher in erster Linie Spitzenverdienern und Ehegatten mit relativ hohen Einkommen zugute, die keine Kinder haben oder deren Kinder schon aus dem Haus sind. Nach Berechnungen der *Süddeutschen Zeitung* kostet das Ehegattensplitting den Staat jährlich 25 Milliarden Euro. Etwa ein Viertel davon entfällt auf die reichsten

10 Prozent der Haushalte. Neben dieser sozialen Schieflage hat das Splittingverfahre noch eine weitere negative Auswirkung. Frauen nehmen aus steuerlichen Gründen oft nur Teilzeitangebote oder gar einen Minijob an, bei dem für die Minijobberin gar keine Steuer anfällt. Zudem werden im Rahmen der Minijobs (fast) keine Rentenbeiträge bezahlt und damit der Altersarmut in vielen Fällen Vorschub geleistet. Man könnte auch sagen: Das Ehegattensplitting ist gut für die Haushaltskasse, aber schlecht für den Staatshaushalt. Diverse Verfassungsbeschwerden gegen das Splittingmodell sind bis in jüngste Zeit gescheitert. Im Endeffekt wird ein altes familienpolitisches Rollenbild der Ehe zu Lasten eines modernen Familienmodells mit Kindern zementiert. Die gesellschaftliche Realität von unverheirateten Paaren mit Kindern und das Modell der Patchworkfamilie wird ignoriert. Dies ist umso erstaunlicher, weil durch die rechtliche Anerkennung gleichgesellschaftlicher Partnerschaften die Ehe aufgewertet wurde und damit das Splittingverfahren für noch mehr Steuerpflichtige in Frage kommt. Familien mit Kindern bleibt diese Aufwertung aber versagt.

VORSORGEAUFWENDUNGEN – NUR DIE WOHLHABENDEN SIND GUT VERSORGT

In einem Sozialstaat kümmert sich der Staat um elementare Lebensrisiken, die durch Unfall, Krankheit oder Alter eintreten können. Dafür wurden die sogenannten Pflichtversicherungssysteme geschaffen. Die Bürger zahlen in eine Art Sozialfonds Beiträge in die gesetzliche Rentenversicherung, Krankenversicherung, Arbeitslosenversicherung und Pflegeversicherung ein. Arbeitnehmer und Arbeitgeber teilen sich die Beitragszahlungen. Gewerbetreibende, Selbständige und Menschen, die von Kapitaleinkünften oder Vermietungen leben, sind davon befreit. Diese Personengruppen müssen selbst »vorsorgen«. Vorsorgeaufwendungen sind daher auch ein praktisches Beispiel für eine sinnvolle steuerliche Förderung, daher sollen auf diese Beiträge nicht auch noch Steuern erhoben werden. Deshalb können Vorsorgeaufwendungen als Sonderausgaben von der Steuer abgesetzt werden. Der Gesetzgeber lässt jedoch Beiträge nicht in unbegrenzter Höhe zum Abzug zu. Dazu gibt es eine komplizierte Höchstbetragsberechnung. Bei den meisten Angestellten ist der Höchstbetrag schon durch die relativ hohen Sozialversicherungsbeiträge erreicht. Da Selbständige und Gewerbetreibende keine Arbeitgeberzuschüsse zur Sozialversicherung erhalten, hat der Gesetzgeber ihnen höhere Absetzungsmöglichkeiten zugestanden. Beiträge zu einer privaten Krankenversicherung können in voller Höhe von der Steuer abgesetzt werden. Weiterhin begünstigt sind Unfall- und Haftpflichtversicherungsbeiträge ebenso wie Beiträge zu einer Berufsunfähigkeitsversicherung. Eine besonders schöne Umschichtungsstrategie steht für privat Krankenversicherte zur Verfügung. Stellen wir Herrn Großschmidt als leitenden Angestellten vor. Er hat zusätzlich zu seinem nicht gerade niedrigen Gehalt in einem Jahr einen fetten Bonus erhalten. Sein Steuerberater rät ihm daher, seine Krankenversicherungsbeiträge für drei Jahre im Voraus zu bezahlen. So kann er ca. 20.000 Euro im Jahr der Bezahlung als Sonderausgabe absetzen. In den nächsten drei Jahren hat er dann zwar keine steuermindernden Krankenkassenbeiträge mehr, aber er profitiert von den Maximalabzugsbeträgen bei den Vorsorgeaufwendungen in Höhe von jeweils 1.900 Euro, die allein schon durch Unfall und Haftpflichtversicherungen anfallen und sonst durch die Höchstbetragsgrenze abgegolten wären.

Ein schönes Beispiel für die Abzugsfähigkeit von Vorsorgeaufwendungen sind Beiträge für eine private Rentenversicherung. Für Wohlhabende kommt dafür die Basisrente in Frage. Sie ist nach dem damaligen Vorsitzenden des Sachverständigenrates, Prof. Bert Rürup, benannt, der als enger Vertrauter von Bundeskanzler Gerhard Schröder galt. Bei der Einführung der Rürup-Rente konnten Beiträge von bis zu 20.000 Euro im Jahr steuermindernd geltend gemacht werden – ohne der Höchstbetragsberechnung zu unterliegen. Für gut verdienende Selbständige mit einem Grenzsteuersatz von 42 Prozent eine lohnende Sache. Sozialpolitisch problematisch ist dabei nur, dass die steuerbegünstige Rürup-Rente auch für Angestellte und Beamte möglich ist.

Für Beamte ist die Rürup-Rente sogar systemwidrig, weil diese über die Pensionsberechtigung exzellent versorgt sind. Der Vorteil liegt wieder in der (umgekehrten) Einkommensteuerprogression, so dass nur sehr gut verdienende Angestellte davon profitieren. Ein Rechenbeispiel: Ein leitender Angestellter hat ein Bruttogehalt von 100.000 Euro. Seine Ehefrau ist selbständig und macht einen Gewinn in Höhe von 40.000 Euro. Beim Ehemann müssen vom, für 2022 geltenden, Höchstbetrag der Rürup-Aufwendungen in Höhe von 25.639 Euro die gesetzlichen Rentenversicherungsbeiträge abgezogen werden. Arbeitgeber- und Arbeitnehmerbeiträge machen etwa 14.000 Euro aus. Unser Angestellter kann also noch 11.639 Euro in einen Rürup-Vertrag einzahlen. Seine Ehefrau kann – weil nicht pflichtversichert – den vollen Höchstbetrag in Anspruch nehmen. Nehmen wir an, die Ehegatten zahlen jeweils 10.000 Euro in den Rentenvertrag ein. Für 2022 sind 94 Prozent

der Einzahlungen begünstigt, also 18.800 Euro für beide. Mit Solidaritätszuschlag und Kirchensteuer macht dies ca. 9.000 Euro an echter Steuerersparnis aus. Über den Höchstbetrag bei der Ehefrau könnten die Ehegatten sogar noch 15.000 Euro mehr in einen Rürup-Vertrag einbezahlen. Dazu kommt, dass bei Rentenbeginn vor 2040 die auszuzahlenden Rentenbeträge nicht voll steuerpflichtig sind. Gering- und Normalverdiener werden kaum Geld aufbringen können, um in einen Rürup-Vertrag einzubezahlen. Wieder ein Steuergeschenk nur für Wohlhabende!
Ganz im Gegensatz dazu: die Riester-Rente. Die nach dem damaligen Wirtschaftsminister im Kabinett Schröder, Walter Riester, benannte Rente wurde nur deshalb eingeführt, weil man das Niveau der gesetzlichen Rentenversicherung von 60 Prozent des letzten Nettoeinkommens auf 51 bzw. aktuell auf 49 Prozent gesenkt hat. Aufwendungen für die Riester-Rente sind nur bis zur Höhe von 2.100 Euro im Jahr begünstigt. Einen echten Vorteil, neben der Grundzulage von 175 Euro, haben nur Anleger mit Kindern, die Zulagen in Höhe von bis zu 300 Euro pro Kind erhalten – kein Vergleich allerdings zu den üppigen Steuervorteilen der Rürup-Rente. Für viele Geringverdiener bringt die Riester-Rente nur theoretische Vorteile. Die meisten davon können nicht einmal die Beiträge dafür aufbringen. Mit einem Bruttomonatseinkommen von 1.500 Euro »riestert« nur jeder Fünfte. Außerdem wird die Riester-Rente im Falle des Bezugs von Grundsicherung zum Teil auf die Höhe des jetzt so heißenden Bürgergeldes angerechnet.

Unterstützung bedürftiger Personen – oder unlimitierte Kinderversorgung?

Das Einkommensteuerrecht begünstigt auch soziale Tatbestände, die nicht im eigenen Bereich des Steuerpflichtigen liegen, wie etwa eine Behinderung, sondern die anderen zugutekommen sollen, beispielsweise die Leistung von Spenden. Die Unterstützung von unterhaltsberechtigten Personen gehört auch dazu (§ 33 a EStG). Diese Personen müssen allerdings »bedürftig«, also außerstande sein, sich selbst zu versorgen. Als Gründe dafür gelten insbesondere Alter, Krankheit und Berufsausbildung. Die Unterstützung von Eltern, Großeltern, Schwiegereltern und Kindern soll daher steuerlich begünstigt werden. Bei der Unterstützung von Kindern darf allerdings niemand einen Anspruch auf Kindergeld haben, da über diverse Freibeträge das Kinderhaben schon begünstigt ist. Ebenfalls begünstigt ist die Unterstützung von Lebens-

gefährten, einem Bruder oder einer Schwester, sofern diese im eigenen Haushalt leben.
Für 2022 kann ein Betrag bis zu 10.347 Euro (ab 2023 sogar 10.908 Euro), was der Höhe des Grundfreibetrages entspricht, plus die Aufwendungen für Kranken- und Pflegeversicherung von der Steuer abgesetzt werden. Durch die eigenen Einkünfte der unterstützten Person wird oben genannter Höchstbetrag gekürzt, sofern die Einkünfte 624 Euro im Jahr überschreiten. Solche Einkünfte sind etwa ein eigenes Gehalt, Renteneinkünfte oder Leistungen nach dem Bundesausbildungsförderungsgesetz. Die Einkünfte eines Kindes können weiter noch um die Ausbildungskosten gekürzt werden. Die unterstützte Person darf kein nennenswertes Vermögen besitzen. Nach der Rechtsprechung gibt es ein »Schonvermögen« bis zu einer Höhe von 15.500 Euro. Auch der Besitz eines »angemessenen« Eigenheims ist unschädlich. Übrigens: Beim Bezug von Leistungen nach dem Berufsausbildungsförderungsgesetz ist die Höhe des Schonvermögens schon bei 8.200 Euro erreicht. Die Art der Unterstützungsleistungen kann sehr unterschiedlich sein. Die Übergabe von Bargeld und Überweisungen zählt dazu, ebenso die Zurverfügungstellung von Haushaltsgeräten, die Übernahme einer Krankenversicherung oder die Bezahlung von Ausbildungskosten. Auch die unentgeltliche Überlassung einer Wohnung mit dem Ansatz der ortsüblichen Miete fällt darunter. So kann schnell der begünstigte Höchstsatz von 10.347 im Jahr 2022 bzw. 10.908 Euro in 2023 erreicht werden.
Heutzutage kommt der steuerliche Abzug von Unterstützungsleistungen in vielen Fällen – besonders bei Erwachsenen – aber nicht mehr zum Tragen, da die unterstützen Personen über eigene Rentenbezüge oder Sozialhilfeleistungen für den eigenen Unterhalt sorgen können. Lediglich bei Eltern im Ausland – mit den dort oft teilweise fehlenden staatlichen Unterstützungssystemen – greift die Vorschrift des § 33 a EStG substanziell. Allerdings gibt es manchmal verminderte Höchstbeträge für das Ausland, die sich nach den Lebenshaltungskosten der Wohnsitzländer der unterstützten Person richten. Eine echte steuerliche Relevanz hat die Unterstützung von Kindern, insbesondere wenn diese sich in Berufsausbildung befinden. Ein Beispiel: Ein Kind von wohlhabenden Eltern, nennen wir ihn Großschmidt junior, ist über 25 Jahre alt, hat sein Studium noch nicht abgeschlossen, absolviert ein Zweitstudium oder promoviert gerade. Kindergeld gibt es für über 25-Jährige nicht mehr. Die Eltern unterstützen das Kind weiterhin, sagen wir mit 750 Euro monatlich, und übernehmen die Krankenversicherung in Höhe von 100 Euro im Monat. Die so zusammenkommenden 10.000 Euro an Unter-

stützungsleistungen im Jahr entsprechen ziemlich genau dem Höchstbetrag der abzugsfähigen Unterstützungsleistungen. Das Kind hat keine eigenen Einkünfte, wohnt aber in einer kleinen Wohnung, die die Eltern dem Kind vor Jahren steuerfrei – weil unter den Freibeträgen der Erbschaftsteuer – geschenkt haben. Wenn die Eltern ein zu versteuerndes Einkommen von mehr als 110 000 Euro haben, bekommen sie durch die Unterstützungsleistungen ca. 4.500 Euro vom Finanzamt zurück. Die Steuerprogression macht es möglich! Kinder von normal- oder geringverdienenden Eltern können kaum mit solchen Unterstützungsleistungen rechnen. Im Gegenteil: Mit einem Alter von 25 und mehr Jahren sind sie längst im Beruf und zahlen selbst Steuern und Sozialabgaben.

Berufsausbildungskosten – Steuern sparen auf Jahre hinaus!

Volkswirtschaftlich, aber auch gesellschaftlich erscheint die steuerliche Begünstigung von Berufsausbildungskosten sinnvoll, denn eine gute Berufsausbildung kann zur Sicherung der späteren Lebensführung beitragen, fördert die eigene finanzielle Selbständigkeit, und nicht zuletzt werden gut ausgebildete Menschen im Berufsleben nicht unbeträchtlich Steuern zahlen. Daher hat der Gesetzgeber über § 10 Absatz 1 Ziffer 7 EStG Aufwendungen für die eigene Berufsausbildung als Sonderausgaben zum Abzug zugelassen. Die abzugsfähigen Kosten decken eine breite Palette ab, angefangen von der Fachliteratur über Fahrtkosten, auswärtige Unterbringung, Studiengebühren, Anschaffung von Computern und Ähnliches mehr. Die absetzbaren Kosten sind auf 6.000 Euro im Jahr beschränkt. Eine weitere Einschränkung besteht darin, dass es sich dabei um eine Erstausbildung handeln muss, also etwa um eine Lehre oder ein Bachelorstudium. Die Vorschrift läuft aber weitgehend ins Leere, weil die in Ausbildung befindlichen Personen in der Regel keine oder nur geringe Einkünfte haben werden. Dies gilt insbesondere für Studenten. Diese unbefriedigende Regelung hat viel Kritik erfahren. Mit diversen Klagen wollten Studierende ihre Ausbildungskosten als vorweggenommene Werbungskosten oder Betriebsausgaben eingestuft bekommen – ohne die Begrenzung auf 6.000 Euro im Jahr und mit der Möglichkeit, diese Kosten im Wege des sogenannten Verlustvortrages in die Zeiten einer späteren Berufstätigkeit zu verlagern. Sowohl der Bundesfinanzhof, als das höchste deutsche Steuergericht, als auch das Bundesverfassungsgericht haben die limitierte Sonderausgabenregelung als verfassungskonform angesehen. Allerdings hat man eine Hintertür offengelassen. Eine zweite Berufsausbildung soll dann doch unter den Werbungskostenabzug fallen. Ein Masterstudiengang etwa erfüllt diese Voraussetzung. Weil die meisten Studierenden nach dem Bachelorabschluss auch ein Masterstudium aufnehmen, eröffnen sich für sie bisher ungeahnte steuerliche Möglichkeiten. Die Studenten sammeln Belege für alle relevanten Studienkosten, z.B. für Büro- und EDV-Bedarf, Fahrtkosten, Repetitoren, auswärtige Unterbringung in Form von Miete und Mehraufwendungen für Verpflegung usw. Auch ein Studium im Ausland mit hohen Studiengebühren, Reise- und Umzugskosten kann von der Steuer abgesetzt werden. Um zu einem steuerlichen Erfolg zu kommen, muss jedes Jahr eine Steuererklärung abgegeben werden und ein Verlustvortrag beantragt werden, weil ja keine oder sehr geringe Einkünfte gegenzurechnen sind. So können sich Verluste von mehreren Zehntausend Euro über einen Zeitraum von mehreren Studienjahren ansammeln, die sich dann im Jahr der ersten Erwerbstätigkeit oder im Folgejahr auswirken.

Es gibt aber noch einen eleganteren und vor allem schnelleren Weg, um in den Genuss des Steuervorteils zu kommen. Vermögende Eltern können ihrem studierenden Kind eine vermietete Eigentumswohnung oder ein Haus schenken. Dadurch spart sich das Kind später Erbschaftsteuer, und die Eltern brauchen die Mieteinnahmen nicht mehr zu versteuern. Das beschenkte Kind versteuert (theoretisch) die Mieteinnahmen, kann aber die hohen Ausbildungskosten gegenrechnen.

Weitere sozial motivierte Steuererleichterungen – immer mit umgekehrten Progressionseffekt

Der Sozialstaatsaspekt des Steuerrechts soll besonders bei unverschuldeten Notlagen zum Tragen kommen. Bei Behinderungen ist dies offensichtlich, denn durch die Behinderung wird einerseits eine Erwerbstätigkeit erschwert, und andererseits entstehen durch die Behinderung oft erhöhte Kosten, z.B. Fahrtkosten bei einer Gehbehinderung oder durch Zuzahlungen bei Heilmitteln. Daher hat der Gesetzgeber (auch aus verwaltungstechnischen Vereinfachungsgründen) Behindertenpauschbeträge als steuermindernde Freibeträge geschaffen (§ 33 b EStG). Allerdings muss die Höhe der Freibeträge den Anforderungen der Lebenswirklichkeit entsprechen und den gestiegenen Lebenshaltungskosten angepasst werden. Bei den Behindertenfreibeträgen war dies sage und schreibe 50 Jahre lang nicht der Fall. Erst ab dem Veranlagungsjahr 2020 gelten höhere Beträge. Für eine Behinderung zwischen 25 und 30 Prozent konnte man bisher 310 Euro absetzen und nunmehr 620 Euro. Bei einer Behinderung zwischen 55 und 60 Prozent stieg der Betrag von 720 auf neu 1.440 Euro und bei einer 100-prozentigen Behinderung von 1.420 auf 2.840 Euro. Auch hier greift der umgekehrte Progressionseffekt: Wer ein hohes Einkommen hat, bekommt mehr vom Staat zurück als derjenige mit einem niedrigen Einkommen. Da aber viele Menschen mit einem hohen Behinderungsgrad nur eingeschränkt oder gar nicht erwerbstätig sein können, wirkt sich der Behindertenfreibetrag oft nicht oder nur sehr eingeschränkt aus. Ein Teil dieser Personengruppe wird keine Steuern zahlen, weil die Behinderung die Person zu einem Sozialfall werden ließ. Hat eine behinderte Person dagegen relativ hohe Einkünfte aus Vermietung oder Kapitalvermögen und braucht daher keiner Erwerbsarbeit nachgehen – dann rentiert sich der Freibetrag richtig. Also wiederum nur etwas für die Großschmidts.

Sozial motiviert ist auch der Versorgungsfreibetrag nach § 19 Abs. 2 EStG. Bei den Versorgungsbezügen sind in erster Linie die Beamtenpensionen gemeint. Bis 2005 waren 40 Prozent der Pensionen bis zu einem Höchstbetrag von 3.000 Euro steuerfrei. Seitdem wird der Betrag jährlich abgeschmolzen. Für das Jahr 2022 beträgt er noch 14,4 Prozent, maximal 1.080 Euro. Dazu kommt noch ein Zuschlag in Höhe von 324 Euro. Gerechtfertigt wird der Versorgungsfreibetrag mit den erhöhten Lebenshaltungskosten, die Beamte im Pensionsalter hätten. Ein anderer Grund für die Gewährung des Versorgungsfreibetrages liegt darin, dass Pensionäre nicht schlechtergestellt werden sollten als Rentner, deren Bezüge teilweise steuerfrei sind. Sieht man sich das durchschnittliche Pensionsniveau im Vergleich zu den Renten an, dann kann man von einer sozialpolitischen Verfehlung des Freibetrages sprechen. Im Jahr 2021 betrug die Durchschnittspension eines Bundesbeamten in Westdeutschland 3.200 Euro im Monat. Ein Durchschnittsrentner musste nach 35 Jahren Beitragszahlung mit 1.460 Euro zufrieden sein. 6,5 Prozent der beamteten Versorgungsempfänger erhalten sogar eine Pension von über 5.000 Euro im Monat. Die finanzielle Lage der meisten Pensionäre ist gut bis sehr gut: Das Eigenheim ist abbezahlt und die Kinder aus dem Haus – steuerfreie Versorgungsbezüge sind daher ein unnötiges Geschenk an, in der Regel, Wohlhabende.

Nicht nur eigene unverschuldete Notlagen werden vom Steuerrecht begünstigt. Auch das Kümmern um andere wird honoriert. Daher hat man den sogenannten Pflegepauschbetrag (§ 33 b Abs. 6 EStG) eingeführt. Wird eine Person in der Wohnung der pflegebedürftigen Person oder in der eigenen Wohnung betreut und hat diese Person mindestens die Pflegestufe II oder das Markenzeichen »H« oder »Bl« (hilflos oder blind) im Behindertenausweis, dann gibt es abgestufte Pauschbeträge. Der Personenkreis der Pflegebedürftigen ist dabei großzügig bemessen worden. In Frage kommen Ehegatten, Lebenspartner, Kinder, Enkel, Geschwister, Tanten, Onkeln, sogar Freunde und Nachbarn. Ab dem Jahr 2021 gibt es bei Pflegestufe II 600 Euro, bei Pflegestufe III 1.100 Euro und bei den Stufen IV und V 1.800 Euro, die von der Steuer abgesetzt werden können. Auch hier greift unverständlicherweise der umgekehrte Progressionseffekt. Pflegt ein Student ohne eigenes Einkommen beispielsweise seine Großmutter, so bekommt er dafür nichts vom Staat. Schaut der gut verdienende Herr Großschmidt nach seiner kranken Mutter, dann gibt es Geld aus der Staatskasse, möglicherweise mit einer Auswirkung von bis zu 42 Prozent des genannten Freibetrages.

Außergewöhnliche Belastungen – endlich eine soziale Komponente im Steuerrecht

Das Steuerrecht geht meistens von standarisierten Fallgruppen aus und drückt dies in Pauschalbeträgen aus. Dies erleichtert nicht nur die Arbeit der Finanzbeamten, auch den Steuerpflichtigen wird lästiges Belege-Sammeln abgenommen. Eine individuelle Komponente weist § 33 EStG auf. Aufwendungen, die »zwangsläufig«, zudem »notwendigerweise« entstanden sind und denen er sich aus »rechtlichen«, »sittlichen« oder »tatsächlichen« Gründen nicht entziehen kann, wie der Wortlaut der Vorschrift heißt, können nach Maßgabe einer »zumutbaren Eigenbelastung« von der Steuer abgezogen werden. Darunter fallen hauptsächlich Kosten im medizinischen Bereich, also ärztliche Behandlungskosten, Zahnersatzkosten, Kosten für Physiotherapie usw. Dazu zählen auch Kurkosten oder psychotherapeutische Behandlungen, sofern die Krankenkasse diese Kosten nicht ersetzt. Allerdings müssen die Therapien und Anwendungen ärztlich oder von einem Heilpraktiker verordnet sein. Beerdigungskosten, falls sie den Wert des Nachlasses übersteigen, fallen ebenso darunter wie Scheidungskosten. Wirklich »außergewöhnliche« Kosten wie der Einbau eines Behindertenfahrstuhls oder Kosten nach dem Brand des Eigenheims werden auch von der Vorschrift erfasst. Der Absetzungsposition außergewöhnlichen Belastungen kommt nach § 33 EStG eine einzigartige Stellung im Einkommensteuerrecht zu. Die Vorschrift hat nicht nur dem Grunde nach eine soziale Komponente, sondern auch die Form der

steuerlichen Absetzung ist sozial motiviert. Die anerkennungswürdigen Kosten werden nicht direkt vom Einkommen abgezogen, sondern müssen erst nach Familienstand und Höhe des Einkommens gewichtet werden. So ergibt sich etwa eine »zumutbare Eigenbelastung« von 6 Prozent des Gesamtbetrags der Einkünfte bei einer ledigen Person im Bereich von über 50.000 Euro. Ein Paar mit drei Kindern hat bei gleichem Einkommen eine Eigenbelastung von nur zwei Prozent. Im ersten Fall muss der Steuerpflichtige 3.000 Euro selbst an Kosten tragen, bevor es zu einem Steuerabzug kommt, im zweiten Fall können alle Beträge über 1.000 Euro abgesetzt werden.
Leider ist ein solch sozial gestaffelter Abzug dem deutschen Steuerrecht weitgehend fremd. Auch bei den außergewöhnlichen Belastungen gibt es eine gestalterische Komponente: Die zumutbare Eigenbelastung muss jedes Jahr neu berechnet werden. Ein Beispiel: Werden von hohen Zahnersatzkosten Teile im laufenden Jahr bezahlt und der Rest im nächsten, so kann es sein, dass die jeweiligen Kosten zumutbar bleiben. Die Begleichung der Zahnarztkosten in einem Jahr wäre angesagt gewesen. Ein normaler Steuerpflichtiger weiß wahrscheinlich von solchen Möglichkeiten nichts. Für Steuerpflichtige, die sich einen Steuerberater leisten können, sieht das anders aus! Die so vernünftige Vorschrift des § 33 EStG hat aber für viele Steuerpflichtige einen Haken. Für diverse Behandlungen müssen amtsärztliche Atteste vorgelegt werden, die schon vor Behandlungstermin ausgestellt worden sein müssen, so etwa bei Kuraufenthalten oder Behandlungen im Rahmen von Legasthenie. Kaum ein Steuerpflichtiger wird vor Behandlungsbeginn solche Bescheinigungen eingeholt haben. Betriebsausgaben oder Werbungskosten sind dagegen viel einfacher abzusetzen – im Zweifel genügt dafür sogar ein »Eigenbeleg« oder eine Glaubhaftmachung.

SPENDEN – KANINCHENZÜCHTERVEREINE VERSUS ATTAC

Nicht nur das Kümmern um Angehörige ist in Deutschland steuerbegünstigt. Auch das Kümmern um das Gemeinwohl wird steuerlich honoriert. Der klassische Weg geht über die Abzugsfähigkeit von Spenden (§ 10 b EStG). Ähnlich wie Spenden kann auch die bezahlte Kirchensteuer von der Steuer abgesetzt werden. In Deutschland sind die großen Religionsgemeinschaften wie die katholische, evangelische, altkatholische und israelitische Kirche als Körperschaften des öffentlichen Rechts steuerlich privilegiert. Diese Privilegierung äußert sich auch darin, dass die bezahlte Kirchensteuer – im Gegensatz zu Spenden – unbegrenzt abzugsfähig ist (§ 10 Abs. 1 Nr. 4 EStG). Natürlich greift auch hier der umgekehrte Progressionseffekt.

Die klassische Spende nach§ 10 b EStG muss gemeinnützigen, mildtätigen oder kirchlichen Zwecken dienen, so der Wortlaut des Gesetzes. Das heißt, die Empfängerorganisation (Verein oder Stiftung) muss als gemeinnützig anerkannt sein. Die Gemeinnützigkeit wird durch das Finanzamt förmlich festgestellt (§ 52 Abgabenordnung). Abzugsfähig sind bis zu 20 Prozent des Gesamtbetrags der Einkünfte eines Steuerpflichtigen. Eine Beispielsrechnung für unseren Herrn Großschmidt. Er ist Studiendirektor und hat Einkünfte in Höhe von 80.000 Euro im Jahr. Er könnte also bis zu 16.000 Euro von der Steuer absetzen. Ein weiteres Beispiel, diesmal für Herrn Groß-Großschmidt. Er ist Unternehmer und hat einen Gesamtbetrag der Einkünfte, bestehend aus Gewerbebetrieb, Vermietung und Dividenden, von 300.000 Euro. Bei ihm wären bis 60.000 Euro an Spenden steuerlich begünstigt. Wenn er die zweite Alternative des § 10 b EStG wählt, dann wären dies unter Umständen noch mehr, denn er kann zwischen der 20-Prozent-Regel und der Variante »4 Prozent des Umsatzes« bzw. der »Gesamtlohnsumme seiner Beschäftigten« wählen.

Selbstverständlich wirken sich die genannten Beträge in beiden Beispielen über die Steuerprogression aus. Spendet unser Unternehmer seinem Golfclub, der wegen der Förderung des Sports gemeinnützig anerkannt ist, 20.000 Euro, dann bekommt er fast 10.000 Euro vom Finanzamt zurück. Eine kleine Hürde hat die ständige Rechtsprechung im Falle von Herrn Groß-Großschmidt dann doch eingebaut. Denn seinen Jahresbeitrag an den Golfclub kann er nicht steuerlich geltend machen, denn dieser weist einen »Gegenleistungscharakter« auf, und Spenden dürfen einen solchen nicht haben. Genau das war die Masche diverser Golfclubs, wie dem in Berlin-Wannsee. Die hohen Aufnahmegebühren wurden als Spenden ausgewiesen. Allerdings machte das Finanzamt nicht mit, und der Golfclub musste nach einem Bericht der *Wirtschaftswoche* 6,4 Millionen Euro nachzahlen. Ob dem Golfclub auch die Gemeinnützigkeit aberkannt wurde, ist nicht überliefert. Übrigens: Überhöhte Aufnahmegebühren und Beiträge könnten die Gemeinnützigkeit gefährden, denn § 52 der Abgabenordnung besagt, dass eine »Förderung der Allgemeinheit« nicht gegeben ist, wenn der Kreis der Mitglieder fest abgeschlossen ist. Bei einer Aufnahmegebühr von 10.000 Euro und einem Jahresbeitrag von 2.000 Euro muss man wohl von einer De-facto-Abgeschlossenheit ausgehen. Der hier aufgedeckte Fall stellt wohl nur die Spitze des Eisbergs dar. Denn die Finanzämter sind gar nicht in der Lage, die Vereine

systematisch zu überprüfen. Und jährlich werden ca. 1.000 neue gemeinnützige Vereine gegründet. Die allerwenigsten tragen das Gütesiegel des DZI, des Deutschen Zentralinstituts für soziale Fragen. Diese Gütesiegel steht für Seriosität, Transparenz und Good Governance.
Spendet ein Steuerpflichtiger – wohlhabend oder nicht – an den bisher als gemeinnützig anerkannten Verein *Attac*, so bekommt er keinen Steuerabzug mehr. Dem Verein wurde nämlich 2019 vom Bundesfinanzhof in letzter Instanz die Gemeinnützigkeit aberkannt. Attac kommt aus dem Französischen und heißt übersetzt »Vereinigung zur Besteuerung von Finanztransaktionen im Interesse der BürgerInnen«. Der globalisierungskritische Verein mit seiner Forderung nach Einführung einer Finanztransaktionssteuer mische sich zu sehr in die Tagespolitik ein und würde damit zu einer Lobbygruppe, so die Finanzrichter. Eine Kritik am bestehenden Steuersystem mit seinen Ungerechtigkeiten ist also, mindestens nach Auffassung der Finanzbehörden, nicht gemeinnützig. Ehrlicher wäre: Eine solche Kritik ist nicht erwünscht. Attac hat jetzt Verfassungsbeschwerde eingelegt und will im Endeffekt klären lassen, in welchem Verhältnis politische Bildung und politische Einflussnahme stehen.
Das gleiche Problem betrifft den bisher als gemeinnützig anerkannten Verein *Campact*, der sich für soziale Gerechtigkeit, gleiche Bildungschancen und demokratische Teilhabe einsetzt. Auch ihm wurde die Gemeinnützigkeit aberkannt. Weiterhin als gemeinnützig gelten jedoch Karnevals- und Kaninchenzüchtervereine sowie Vereine zur Förderung des Hundesports!
Beliebt sind auch Sachspenden. Sie müssen natürlich auch dem Satzungszweck des gemeinnützigen Vereins dienen. Schwierigkeiten bereitet dabei oft der Wert der Sachspende, also die »Bewertung« der Spende, wie es im Steuerdeutsch heißt. Bei neuwertigen Gütern ist dies kein Problem – hier kann man sich am Kaufpreis orientieren. Bei gebrauchten Gegenständen zählt der Verkehrswert. Spendet etwa ein Universitätsprofessor Bücher an seine Alma Mater, so kann er dafür eine Spendenquittung erhalten, denn die Spende dient »wissenschaftlichen Zwecken«, und damit ist der gemeinnützige Charakter allemal gegeben. Will der Professor mal seinen Bücherschrank entstauben, dann wird der Verkehrswert der Bücher nicht hoch sein – oder vielleicht doch, denn überprüfen wird den Verkehrswert der Bücher niemand. Spendet er allerdings seine eigenen neuen Bücher oder Belegexemplare, die ihm zum Rezensieren überlassen wurden, und sind dies vielleicht auch noch teure juristische Kommentare, so kommen schnell mehrere Hundert oder Tausend Euro zusammen, die sich individuell im Rahmen der Steuerprogression auswirken. Das Beste dabei ist, dass der Spender in diesem Fall

überhaupt keine Aufwendungen hatte. In diesem Beispiel handelt es sich eher um die berühmen »Peanuts«, aber es zeigt, wie dreist es manche Steuerpflichtigen treiben können. Spendet dagegen unser Herr Kleinschmidt, ein Ruheständler mit einer monatlichen Rente von 1.500 Euro, 100 Euro an das SOS-Kinderdorf, so bekommt er nichts vom Staat zurück, denn dieser Rentner zahlt wegen seiner geringen Rente gar keine Steuern.

PARTEISPENDEN – BEGRENZUNG NICHT DURCHGEHALTEN

Politische Parteien spielen in unserem politischen System eine sehr wichtige Rolle. Sie artikulieren und bündeln die unterschiedlichen gesellschaftlichen Vorstellungen und »wirken bei der politischen Willensbildung mit«, wie es das Grundgesetz in Artikel 23 formuliert. Politische Parteien sollen vom Staat und von der Einflussnahme finanzstarker Kreise unabhängig sein. Daher postuliert das Parteiengesetz Transparenz, Gleichheit und Begrenzungen bei der Parteienfinanzierung.

Weil der Spendenabzug je nach Einkommen so unterschiedliche Auswirkungen haben kann, wollte man bei Parteispenden einen anderen und gerechteren Weg gehen. § 34 g EStG lässt Spenden und Beiträge an politische Parteien steuermindernd von der Einkommensteuer absetzen. Solche Spenden können von allen Steuerpflichtigen mit einer 50-prozentigen Wirkung von der Steuerschuld abgezogen werden. Bei einer alleinstehenden Person sind maximal 1.650 Euro begünstigt – es gibt also 825 Euro von der Steuer zurück. Bei Ehegatten werden die Beträge verdoppelt.

Es handelt sich also um ein Modell der steuerlichen Gleichbehandlung, welches auch für andere Bereiche unseres Steuerrechts Schule machen könnte. Dabei müsste es nicht unbedingt eine 50-prozentige Abzugsfähigkeit sein. Wichtig wäre nur die Gleichbehandlung aller Steuerpflichtigen. Allerdings wurde der Gedanke des § 34 g EStG nicht durchgehalten. Spendet nämlich ein Steuerpflichtiger mehr als die begünstigten Beträge von 1.650 bzw. 3.300 Euro, so kann der gleiche Betrag noch einmal als Sonderausgabe einkommensmindernd abgezogen werden – wiederum mit dem umgekehrten Progressionseffekt. Für Beiträge an politische Parteien von Rentnern, Schülern und Studenten gibt es nichts vom Staat, denn sie zahlen keine oder kaum Steuern. Partizipation im Rahmen von politischen Parteien wird somit eine Angelegenheit von steuerzahlenden Bürgern, mit dem Effekt, dass auch hier die Wohlhabenden mehr Einfluss haben. Ganz anders zu beurteilen ist es, ob

jenseits der steuerlichen Förderung Spenden an Parteien in unbegrenzter Höhe zugelassen werden sollen.
Weil die steuerliche Abzugsfähigkeit von Parteispenden limitiert ist, haben manche Unternehmen ihre Parteiunterstützung auf das sogenannte Sponsoring verlagert. Die Kosten des Sponsorings können als Betriebsausgaben von der Steuer abgezogen werden, das ist für das sponsernde Unternehmen attraktiver als eine Parteispende. Die politischen Parteien brauchen zudem die Sponsoringeinnahmen nicht als Parteispende zu verbuchen und auch nicht in ihren Rechenschaftsberichten auszuweisen. Daher haben sich in jüngster Zeit auch große Konzerne aus dem Spendenwesen zurückgezogen und betreiben verstärkt Sponsoring. Eine elegante Umgehungsstrategie für Unternehmen und Parteien – auf Kosten der Transparenz der Parteienfinanzierung.

GEMEINNÜTZIGE STIFTUNGEN – VIELLEICHT DOCH EHER EIGENNÜTZIG?

Die Gründung einer Stiftung ist nur etwas für wirklich Vermögende, denn Zuwendungen – besser gesagt: Einzahlungen – sind bis zu einer Million Euro steuerlich begünstigt. Für Ehegatten sind es zwei Millionen Euro, entweder im Jahr der Einzahlung oder verteilt auf 10 Jahre (§ 10 b Abs. 1 a EStG). Gemeinnützige Stiftungen müssen wie Vereine von den Steuerbehörden als solche anerkannt werden. Dazu müssen sie eben einen gemeinnützigen Zweck verfolgen und ihr Geschäftsgebaren an einer einschlägigen Satzung ausrichten. Der Vorteil neben der steuermindernden Einlage liegt für den oder die Stifter darin, dass die Stiftung ertragsteuerbefreit ist, also keine Körperschaftsteuer und auch keine Gewerbesteuer zahlen muss. Die Stiftung ist auch im ideellen Bereich von der Umsatzsteuer befreit und im wirtschaftlichen Geschäftsbetrieb bis zu einem Gewinn von 35.000 Euro auch von der Gewerbe- und Körperschaftsteuer befreit. Dazu kommt noch, dass die Stiftung von der Erbschaft- und Schenkungsteuer ausgenommen ist. Da eine solche Stiftung an ihren satzungsgemäßen Zeck gebunden ist, könnte man meinen, dass der Stifter keinen materillen Vorteil aus einer bestehenden Stiftung ziehen kann. Dies ist aber ein Trugschluss, denn aus den Stiftungserträgen kann der Stifter jährlich bis zu einem Drittel für seinen Lebensunterhalt oder den seiner Familie verwenden. Wegen der Erbschaftsteuerbefreiung haben auch Kinder und Enkel noch etwas davon. Zu den steuerlichen Vorteilen kommt aber noch ein anderer wichtiger Aspekt hinzu. Der Stifter zeigt in der Regel durch

seinen eigenen Namen im Stiftungslogo in nicht ganz uneigennütziger Weise sein Herz für das Allgemeinwohl. Schön, wenn man materielle und ideelle Motive vereinen kann.
Voraussetzung für eine Gemeinnützigkeit einer Körperschaft ist jedoch nach der Abgabenordnung (§ 52 Abs. 1), dass »ihre Tätigkeit darauf gerichtet ist, die Allgemeinheit auf materiellem, geistigem oder sittlichem Gebiet selbstlos zu fördern«. Insbesondere bei Stiftungen dürfte dies oft nicht der Fall sein, denn allein schon die Namensgebung der Stiftung steht der Selbstlosigkeit entgegen. Und wenn dann noch ein beträchtlicher Teil des Ertrages der Stiftung für private Zwecke steuerfrei für den Stifter oder dessen Familie entnommen werden kann, dann ist es mit der »Selbstlosigkeit« nicht her. Und das Ganze ist doch wieder eher ein Steuersparmodell.
Als Zwischenfazit bleibt festzuhalten, dass die dargestellten Absetzungspositionen hauptsächlich einen sozialen oder gemeinnützigen Charakter haben und damit tendenziell dem Sozialstaatsprinzip entsprechen. Zudem kann das Einkommensteuersystem, wie wir es vorfinden, auf individuelle Besonderheiten und Lebenslagen Rücksicht nehmen und erfüllt damit Gerechtigkeitserwägungen. Die Progressionsabhängigkeit der sozialen Absetzungspositionen verkehrt jedoch den sozialstaatlichen Ansatz ins Gegenteil. So, wie unsere Einkommensteuer konzipiert ist, zementiert sie oder schafft neue Privilegien für die Wohlhabenden.

AUßERHALB DER SPUR – HAUSHALTNAHE DIENSTLEISTUNGEN UND HANDWERKERLEISTUNGEN

Bisher haben wir nur steuerliche Freibeträge und Absetzungspositionen bei der Einkommensteuer betrachtet, die mehr oder weniger sozial motiviert waren und den Wohlhabenden über den Progressionseffekt über Gebühr zugutekommen. Überhaupt nicht sozial motiviert ist die steuerliche Absetzbarkeit von haushaltsnahen Dienstleistungen und Handwerkerleistungen. Bis zum Jahr 2009 war diese systemfremde Steuerersparnis auch nicht im Einkommensteuergesetz verankert. Die Motivation für diese Art von Steuervorteilen war angeblich die Bekämpfung der Schwarzarbeit, die besonders im privaten Haushalt zu finden sei. Diese steuerlichen Absetzungsmöglichkeiten mindern aber nicht das zu versteuernde Einkommen, sondern sie können mit einem Satz von 20 Prozent direkt von der Steuer abgezogen werden – durchbrechen also den oft dargestellten Progressionseffekt des Einkommensteuerrechts. Was durchaus als Paradigmenwechsel in der Steuersystematik anzuerkennen wäre, bringt in der Praxis aber fast nur Vorteile für Wohlhabende.

§ 35 a EStG fördert sogenannte haushaltsnahe Dienstleistungen. Als solche versteht man bezahlte Leistungen, die in einem Haushalt stattfinden müssen. Darunter fällt zum Beispiel die Anstellung einer Köchin oder Reinigungskraft. Begünstigt sind auch Gartenarbeiten, ein Hausmeisterservice, Pflegeleistungen oder die Beschäftigung eines Au-pair-Mädchens. Nicht begünstigt ist der Nachhilfeunterricht für Schulkinder. Ob man es glaubt oder nicht, auch dass Gassigehen mit den hauszugehörigen Hunden ist von der Steuer absetzbar, auch wenn dabei das häusliche Grundstück verlassen wird. Noch eine Wohltat für Wohlhabende: Klavierstimmen fällt selbstverständlich auch unter haushaltsnahe Dienstleistungen. Besitzt unser Herr Großschmidt ein Ferienhaus auf Mallorca, so kann der Aufwand für Hausmeister und für die dortige Gartenpflege bei der Steuer berücksichtigt werden. Voraussetzung ist nur, dass die Finca eigengenutzt wird, eine ordentliche Rechnung vorliegt und die Bezahlung durch eine Überweisung erfolgt. Eine Barzahlung ist ausgeschlossen, denn dadurch wäre ein Missbrauch schon programmiert. Auch Umzugskosten fallen unter die haushaltsnahen Dienstleistungen. Warum es eine solche Absetzungsmöglichkeit geben soll, bleibt schleierhaft. Abgesetzt werden können Beträge bis zu 20.000 Euro im Jahr. Eine stattliche Summe, die wiederum nur Wohlhabende betrifft, auch wenn nur 20 Prozent von der Steuerschuld abgezogen werden können. Aber 4.000 Euro Ersparnis ist auch nicht zu verachten. Zusätzlich können bis zu 520 Euro etwa für eine Haushaltshilfe im Rahmen eines Minijobs von der Steuer abgesetzt werden.

Diese Absetzungsmöglichkeiten sind eigentlich ein Skandal. Für Normal- und Geringverdiener kommt eher der umgekehrte Effekt in Frage. Sie können sich nur als Reinigungskraft oder Hausmeister verdingen und müssen diese Einkünfte auch noch versteuern. Ausnahme hier: die Übernahme einer solchen Tätigkeit als Minijob, denn dafür zahlt der Arbeitgeber pauschal die Steuer. Die soziale Schieflage dieser Vorschrift sieht man schon darin, dass Nachhilfeunterricht nicht als Absetzungsposition vorgesehen ist. Hier könnte wenigstens der Bildungsungleichheit entgegengewirkt werden. Die Betreuung eines Ferienhauses eines Millionärs, noch dazu im europäischen Ausland, soll dagegen begünstigt sein. Dass dies alles im Ausland nie nachgeprüft werden kann, hat den Gesetzgeber wohl nicht gekümmert.

§ 35 a EStG begünstigt auch Handwerkerleistungen, die im eigenen Haushalt ausgeführt werden. Darunter fallen praktisch alle Leistungen, die man sich im Handwerksbereich vorstellen kann. Von der Steuer abgezogen werden kann aber nur der Arbeitslohn und nicht die Materialkosten. Auch hier sind nur 20 Prozent der Arbeitskosten abzugsfähig bei einem Höchstbetrag von 6.000 Euro im Jahr, was eine Steuerersparnis von 1.200 Euro ausmacht. Herrn Großschmidt ist das zu wenig, schließlich hat die Renovierung seiner Wohnung ja viel mehr gekostet. Sein Steuerberater hat selbstverständlich einen guten Rat parat. Er solle doch die Rechnung splitten lassen und die zweite Hälfte im nächsten Jahr bezahlen, schon kann er den doppelten Betrag absetzen. Viele Gering- und Normalverdiener werden sich Handwerker kaum leisten können und die Arbeiten selbst erledigen – natürlich ohne Steuervorteil. Oder sie führen die Handwerkerarbeiten für andere durch, vielleicht »schwarz«, denn Schwarzarbeit ist die Steuerersparnis des kleinen Mannes! Bis auf die letztgenannten haushaltsnahen Dienstleistungen und Handwerkerkosten waren die dargestellten steuerlichen Absetzungspositionen in erster Linie sozial- bzw. familienpolitisch motiviert. Mit dem besonderen Teil des Einkommensteuerrechts geht es nun im Folgenden um einzelne Einkunftsarten, bei denen es wiederum weitreichende legale Möglichkeiten gibt, die Steuerlast zu drücken. Eins muss dabei schon vorweggenommen werden: Die legalen und illegalen Möglichkeiten liegen eng beieinander.

3. Gestaltungsspielräume

3. Gestaltungsspielräume bei Werbungskosten und Betriebsausgaben

Bisher haben wir nur steuerliche Absetzungsmöglichkeiten erörtert, die nach der Ermittlung der Einkünfte möglich sind. Ein Großteil steuermindernder Ausgaben fällt aber schon vorher bei der Ermittlung des Einkommens an. Hier gilt wohl der wichtigste Hinweis, den Steuerberater ihren wohlhabenden Klienten geben: Möglichst viele Ausgaben des privaten Bereichs als betriebliche oder berufliche Kosten darstellen! Die steuermindernden Kosten werden bei Selbständigen und Gewerbetreibenden Betriebsausgaben und bei angestellt Beschäftigten Werbungskosten genannt. Gerade bei der Absetzung von Werbungskosten gibt es eine Reihe von Möglichkeiten, ursprünglich Privates als Berufliches anzusehen. Fangen wir mit einer klassischen Position an:

Häusliches Arbeitszimmer – die private Wohnung von der Steuer absetzen

Werbungskosten sind Aufwendungen zu Erwerb, Sicherung und Erhalt von Einnahmen aus nichtselbständiger Arbeit (§ 9 EStG). Viele Aufwendungen haben sowohl einen privaten wie auch beruflichen Charakter. Oft ist die Abgrenzung nicht leicht. Als beruflich angesehen, und damit steuerlich anerkannt, werden zum Beispiel die Kosten eines häuslichen Arbeitszimmers. Dafür ist Voraussetzung, dass eine Räumlichkeit vorhanden ist, die von den übrigen Wohnräumen getrennt ist und nahezu ausschließlich beruflich genutzt wird. Eine Arbeitsecke im Wohnzimmer oder ein Schreibtisch in der Diele erfüllt diese Voraussetzungen nicht. Steuerlich berücksichtigt werden die Miete, die klassischen Nebenkosten wie Müllabfuhr, Versicherungen usw., ebenso Energiekosten und Putzmittel oder die Kosten für eine Reinigungskraft, allerdings nur anteilig im Verhältnis des beruflich genutzten Teils zur Wohnfläche. Einrichtungsgegenstände im Arbeitszimmer können gänzlich abgesetzt werden. Dazu zählen nicht nur Schreibtisch, Regale, Computer, Lampen usw., sondern auch Teppiche, Vorhänge und Bilder. Natürlich können auch gebrauchte Möbel »eingebracht« werden, wie es auf Amtsdeutsch heißt. Fehlende Belege: kein Problem, denn dann zählt der »gemeine Wert«, also der Verkehrswert, und der kann bei einem antiken Schreibtisch durchaus hoch sein. Wie in einer Mietswohnung wirkt sich das Arbeitszimmer im eigengenutzten Einfamilienhaus ebenfalls steuermindernd aus. Statt der Miete können hier die Anschaffungs-

oder Herstellungskosten des Hauses anteilig über den Passus der »Absetzungen für Abnutzung« geltend gemacht werden. Für eine Eigentumswohnung oder ein Einfamilienhaus zählen als Kosten: Die Abschreibung für das Gebäude, Zinsaufwendungen, Reparaturen und alle Energie- und Nebenkosten.
Wenn man das hohe Mietniveau in Ballungszentren zugrunde legt, dann kommt man schnell auf 2.500 Euro im Monat für eine Wohnung von ca. 100 Quadratmetern. Rechnet man noch Neben- und Energiekosten in Höhe von 250 Euro dazu, dann kommt man auf eine Bruttomiete von 2.750 Euro im Monat. Im Jahr macht das 33.000 Euro. Bei einer Größe des Arbeitszimmers von ca. 15 Quadratmetern beträgt die berufliche Nutzung 15 Prozent, macht knapp 5.000 Euro im Jahr aus. Rechnet man noch Einrichtungsgegenstände zum Preis von 2.000 Euro dazu, dann können 7.000 Euro von der Steuer abgesetzt werden, da es beim Werbungskostenabzug keine Begrenzung nach oben gibt. Das finanzielle Ergebnis kann sich bei einer Progressionsstufe von 42 Prozent durchaus sehen lassen. Aus Gründen der Personalnot wird praktisch nie nachgeprüft, ob ein Arbeitszimmer tatsächlich vorhanden ist oder ob die Voraussetzungen vor Ort auch gegeben sind. Besonders dreiste Steuerbürger geben ein größeres Zimmer als das eigentliche Arbeitszimmer an. Bei einem Arbeitszimmer von 25 Quadratmeter im obigen Beispiel summiert sich der steuerlich absetzbare Teil auf 10.250 Euro. Ebenso wenig wird das Finanzamt den Wert der »eingebrachten« Möbel anzweifeln, falls die Werte nicht allzu übertrieben sind. Die Behörde begnügt sich meist mit einem Fragebogen, dem Mietvertrag und einer Skizze der Wohnung. Und ob der Teppich wirklich im Arbeitszimmer liegt, interessiert auch niemanden. Falls die eigenen Räumlichkeiten für ein Arbeitszimmer nicht ausreichen, dann kann sich der steuerkundige Angestellte oder selbständig Tätige bei einem Bekannten oder Verwandten ein Arbeitszimmer mieten und die volle Miete inklusive der Einrichtungsgegenstände absetzen. Der Vermieter hat keinen Nachteil, denn er kann seine anteilige Miete gegenrechnen. Mit ein bisschen »Gestaltungskreativität« ist fast alles möglich. Befindet sich das Arbeitszimmer im Betriebsvermögen eines selbständig Tätigen oder Gewerbetreibenden, dann kann es bei der Aufgabe der Tätigkeit zu einem sogenannten »Aufgabegewinn« kommen. Dies ist der Fall, wenn die Eigentumswohnung nach Jahrzehnten der teilberuflichen Nutzung sehr an Wert zugelegt hat. Aber auch hier hat der Gesetzgeber zugunsten der Steuerpflichtigen vorgesorgt. Ist der Steuerpflichtige über 55 Jahre alt, dann gibt es einen Freibetrag für die Betriebsaufgabe.
Normalverdiener, etwa Handwerker, Kraftfahrer, Erzieherinnen oder Polizistinnen, also unsere Kleinschmidts, können schon wegen ihres Berufsbildes kein

Arbeitszimmer darstellen. Geringverdienende Berufsgruppen, die zwar auch von zu Hause arbeiten, haben aber in der Regel keine großzügige Wohnung, in der ein Arbeitszimmer nach steuerrechtlichen Gründen möglich wäre. Je größer die Wohnung – desto größer der Steuervorteil! Wieder eine Vorschrift, die in den meisten Fällen nur Wohlhabende begünstigt, z.B. Richter, die teilweise von zu Hause aus der Arbeit nachgehen. Bezeichnenderweise hat ein Richter an einem Finanzgericht diese Absetzungsmöglichkeit vor Jahrzehnten erstmals erstritten.
Durch die Corona-Pandemie wurden viele Arbeitnehmer mehr oder weniger gezwungen, zu Hause zu bleiben, um von dort aus zu arbeiten. Für die Kosten, die dadurch entstehen, wie höhere Heizungs-, Strom- und Wasserkosten und Ähnliches, hat man eine steuerlich zu berücksichtigende »Homeoffice«-Pauschale eingeführt. Arbeitnehmer konnten dafür bisher bis maximal 600 Euro im Jahr geltend machen. Ab 2023 sind es bis zu 1.000 Euro, also 5 Euro pro Tag an maximal 200 Arbeitstagen. Dies ist auch möglich, wenn kein steuerlich begünstigtes Arbeitszimmer vorhanden ist. Klingt nach einer sinnvollen Entlastung. Im Endeffekt handelt es sich jedoch um eine ungerechtfertigte Begünstigung der Arbeitgeber. Diese sparen sich Raum- und Energiekosten, Telefonkosten und anderes. Die Kosten für das Arbeiten von zu Hause aus wird also den Angestellten aufgebürdet, und über die steuerliche Absetzungsmöglichkeit der »Homeoffice«-Pauschale wird wie so oft die Allgemeinheit zur Kasse gebeten. Für viele Arbeitnehmer läuft die Pauschale ins Leere, weil sie deutlich unter dem allgemeinen Arbeitnehmerfreibetrag, früher auch Werbungskostenpauschale genannt, liegt. Dieser wurde von 1.000 Euro für 2021 auf 1.200 Euro und für 2023 auf 1.230 Euro erhöht. Übrigens: Auch bei der Werbungskostenpauschale wirkt sich der umgekehrte Progressionseffekt aus. Bei den Betriebsausgaben, also bei beruflichen Ausgaben von Selbständigen und Gewerbetreibenden, gibt es noch mehr Möglichkeiten, privatmotivierte Ausgaben in betriebliche zu verwandeln und damit die Steuerlast zu drücken. Bei Gewerbebetrieben kann die Steuerersparnis noch höher sein, denn der Gewinn ist auch die Grundlage für die Gewerbesteuer.

Dienstwagenprivileg – wie man das Finanzamt an seinen Privatfahrten beteiligt

Wird ein Fahrzeug betrieblich oder beruflich genutzt, sind die Kosten dafür selbstverständlich als Betriebsausgaben oder Werbungskosten steuerlich absetzbar. Die Absetzbarkeit ist bei Unternehmern und Arbeitnehmern etwas unterschiedlich. Befindet sich das Auto nicht im Betriebsvermögen eines Unternehmers, so kann dieser für berufliche Fahrten die sogenannte Kilometerpauschale in Anspruch nehmen. Für Fahrten, die nicht zwischen Wohnung und Arbeitsstelle stattfinden, gibt es eine erhöhte Pauschale. Diese beträgt 0,30 Euro pro gefahrenen Kilometer. Für Fahrten zwischen Wohnung und Arbeitsstelle beträgt sie für Unternehmer und Arbeitnehmer 0,30 Euro pro Doppelkilometer (ab 30 km beginnend mit dem Jahr 2022 sogar 0,38 Euro). Die Kilometerpauschale firmiert seit einigen Jahren als »Entfernungspauschale«, das heißt, es kommt nicht mehr darauf an, ob der Steuerpflichtige ein Fahrzeug nutzt oder sonst wie die Entfernung zwischen Wohnung und Arbeitsstelle bewältigt. Hier hält unser Steuersystem eine Kuriosität parat. Nutzen Ehemann und Ehefrau ein Fahrzeug für den gemeinsamen Weg zur Arbeit, dann gibt es die Kilometerpauschale doppelt. Es handelt sich ja um eine Entfernungspauschale!

Befindet sich das Fahrzeug im Betriebsvermögen eines Unternehmers, dann können die Kfz-Kosten (Anschaffung, Reparaturen, Treibstoff, Steuer, Versicherung usw.) ganz von der Steuer abgesetzt werden. Kann der Steuerpflichtige nachweisen, dass ihm für Privatfahrten ein eigenes Fahrzeug zur Verfügung steht, muss keine private Kfz-Nutzung gegengerechnet werden. Ist dies nicht der Fall, so gilt eine pauschale Nutzungsregelung, die sogenannte Ein-Prozent-Regelung. Dabei werden für die monatliche Nutzung ein Prozent des Listenpreises des Wagens angesetzt und aus dem Betrieb »entnommen«. Diese Vereinfachungsregelung kann durch den Nachweis (z.B. durch ein Fahrtenbuch) geringerer Privatfahrten außer Kraft gesetzt werden. Für manche Fälle wäre das Führen eines Fahrtenbuches richtig nachteilig. Ein Beispiel: Ein Rechtsanwalt oder Steuerberater hat einen Personenwagen der Oberklasse im Betriebsvermögen und setzt alle Kosten dafür als Betriebsausgabe von der Steuer ab. Er muss zwar die private Nutzung, wie wir gesehen haben, versteuern. Der selbständige Unternehmer hat in unserem Beispielsfall aber praktisch keine beruflich veranlassten Fahrten, weil er seine Kanzlei in der Innenstadt hat und mit öffentlichen Verkehrsmitteln in die Arbeit fährt, was er auch noch von der Steuer absetzt. So rechnet sich der Vorteil für den cleveren Anwalt, wenn er einen Pkw mit einem Anschaffungspreis von 50.000 Euro in seiner Steuererklärung darstellt: Absetzung für Abnutzung 8.333 Euro; Treibstoff und Reparaturen 2.500 Euro; Steuer, Versicherung, Sonstiges 1.200 Euro, zusammen 12.033 Euro. Gegenzurechnen ist die pauschale private Nutzung in Höhe von 6.000 Euro. Die Gewinnminderung beträgt also 6.033

Euro, und der Mehrwertsteuervorteil in Höhe von 7.800 Euro ist dabei noch gar nicht berücksichtigt. Das Finanzamt wird in der Regel nicht nach privat und beruflich veranlassten Fahrten fragen. Denn die Pauschalversteuerung soll ja gerade den Beamten die Arbeit erleichtern. Unsere Beispielrechnung geht aber noch viel besser. Nehmen wir an, unser Herr Großschmidt ist Unternehmer und ein echter Oldtimerfan. Für seinen Porsche 911 hat er vor 50 Jahren 20.000 DM bezahlt. Nach der Ein-Prozent-Regelung müsste er nur 12 x 200 DM, was 103 Euro im Monat entspricht, versteuern, also 1.236 Euro im Jahr. Er könnte aber alle Betriebskosten des Fahrzeuges inkl. teurer Reparaturen als Betriebsausgaben absetzen. Allerdings erhöht der aktuelle Preis des Oldtimers sein Betriebsvermögen. Über Jahre hinweg wird der steuerliche Vorteil der EinProzent-Regelung diesen Nachteil ausgleichen, zumal der Porsche dann doch sehr ramponiert sein kann. Fraglich ist allerdings, ob so ein Wagen nicht eine nicht abzugsfähige Ausgabe in Sinne von § 4 Abs. 5 Nr. 4 EStG darstellt. Dazu müsste das Fahrzeug des Unternehmers »Segel- und Motorjachten« gleichgestellt werden, wie es das Gesetz formuliert. Eine solche Gleichstellung wagt dann wohl doch kein Finanzbeamter.

Von einem »Dienstwagenprivileg« spricht man in der Regel dann, wenn Arbeitnehmern ein Dienstwagen zur Verfügung gestellt wird, der auch für Privatfahrten genutzt werden kann. Es ist ein viel genutztes Motivationsmittel der Arbeitgeber: Geschätzte Mitarbeiter verzichten auf Geld und bekommen stattdessen ein Kraftfahrzeug zur Verfügung gestellt. Je höher der Angestellte gehaltsmäßig eingestuft wird, desto größer und hochpreisiger ist der Wagen. In den meisten Fällen würde sich der Arbeitnehmer einen entsprechend teures Auto privat nicht leisten können oder wollen. Die steuerliche Einstufung erfolgt in der Regel auch über die Ein-Prozent-Regelung. Entsprechend wird das Bruttogehalt erhöht, oder der Angestellte verzichtet auf einen Teil des Gehalts zugunsten des Firmenwagens. Ein Nachteil der Regelung besteht darin, dass der geldwerte Vorteil sozialversicherungspflichtig ist. Doch wer einen Dienstwagen fährt, ist regelmäßig über der Beitragsbemessungsgrenze, und die ausgelöste Sozialversicherungspflicht ist für Arbeitnehmer und Arbeitgeber nur eine theoretische. Die Bemessungsgrenze beträgt 2022 für die Rentenversicherung 6.750 Euro und bei der Krankenversicherung 4.837 Euro im Monat. Mit einem Bruttojahresgehalt von 82.000 Euro liegt ein Angestellter schon darüber. Worin liegt nun das Privileg? Für den Arbeitgeber: Er setzt wieder alle Kfz-Kosten als Betriebsausgabe von der Steuer ab und bekommt die Mehrwertsteuer, die im Kaufpreis enthalten ist, voll als Vorsteuer vom Finanzamt zurück. Für Leasingfahrzeuge gibt es eine ähnliche Regelung.

Der Vorteil für den Arbeitnehmer: Er hat rund um die Uhr ein Fahrzeug zur Verfügung und braucht sich keinen Privat-Pkw anschaffen. Falls der Arbeitgeber auch alle Treibstoffkosten übernimmt, was die Regel ist, so hat der Angestellte überhaupt keine Kosten. Die Kostenübernahme bezieht sich auch auf Reparaturen und die Beschaffung von Winterreifen. Selbstverständlich werden auch die Tankkosten im Ausland und im Urlaub übernommen. Und meistens gibt es alle paar Jahre einen neuen Dienstwagen. Ein Beispiel: Der Arbeitnehmer fährt einen Diesel-SUV mit einem Listenpreis von 75.000 Euro. Die monatlichen Leasingraten betragen 1.100 Euro, die Ausgaben für Treibstoff machen 1.500 Euro aus, Steuer und Versicherung 1.200 und Reparaturen, Service und Winterreifen 1.000 Euro. Jährliche Ausgaben insgesamt: 16.900 Euro. Die pauschale private Nutzung nach der Ein-Prozent-Regelung beträgt 9.000 Euro (= 12 x 750 Euro). Unser SUV-Fahrer hat also einen nicht versteuerten geldwerten Vorteil von 7.900 Euro. Bei einem Gehalt als Single von über 80.000 Euro beteiligt er die übrigen Steuerzahler mit mindestens 3.318 Euro (= 42 Prozent von 7.900). Die abzugsfähigen Betriebsausgaben seines Chefs sind darin noch gar nicht enthalten.
Nach Berechnungen des Umweltbundesamtes laufen die Dienstwagensubventionierungen auf einen Betrag von 4,5 Milliarden Euro im Jahr hinaus, berechnet aus ermäßigtem Dieselkraftstoff, Ertragsteuerminderung und Umsatzsteuerminderung. Nach einem Bericht des Deutschlandfunks sind die Belastungen mit der Versteuerung des Dienstwagens etwa um die Hälfte geringer als die vergleichbaren Kosten bei einer privaten Neuanschaffung eines Kfz. Die Allgemeinheit zahlt also am Firmenwagen mit. Welche volkswirtschaftliche Bedeutung das Dienstwagenprivileg hat, ergibt sich dadurch, dass 63 Prozent der neu zugelassenen Pkw gewerbliche Zulassungen sind – die allermeisten davon: Dienstwagen. Die soziale Schieflage wird noch deutlicher, wenn man bedenkt, dass Normal- und Geringverdiener in der Regel überhaupt nicht in den Genuss eines Firmenwagens kommen. Nach Einschätzung des Umweltbundesamtes kommt die Hälfte der Dienstwagensubventionen den reichsten 20 Prozent der Bevölkerung zugute. Die Allgemeinheit hat dazu noch die Umweltauswirkungen des Dienstwagenprivilegs zu tragen. Nicht nur, dass größere und schwerere Fahrzeuge dafür verwendet werden, sondern die subventionierte Zurverfügungstellung des Firmenwagens stellt einen Anreiz dar, mehr Privatfahrten durchzuführen und weniger den öffentlichen Nahverkehr zu nutzen. Alternativen gäbe es auch hier. Die Besteuerung könnte an den Kohlendioxidausstoß gekoppelt werden, wie es etwa schon in Großbritannien und Belgien der Fall ist.

Mindestens könnte der geldwerte Vorteil von den gefahrenen Kilometern abhängig gemacht werden. Eine noch viel größere Subvention gibt es für Elektroautos. Hier gilt statt der Ein-Prozent-Regelung für die private Nutzung eine 0,25-Prozent-Variante, wenn der Kaufpreis unter 60.000 Euro liegt. Für Hybridautos gilt eine 0,5-Prozent-Variante. Sie gilt auch dann, wenn der Hybridwagen kaum im Elektromodus gefahren wird. Neben dem Dienstwagenprivileg bei elektrisch betriebenen Firmenautos gibt es auch noch eine »Umweltprämie« für den Kauf. Diese beträgt bei vollelektrischen Wagen bis zu 6.000 Euro und bei Hybridfahrzeugen bis zu 4.500 Euro. Ab 2023 nur 4.500 bzw. 3.000 Euro. Sogenannte Plug-in-Hybride werden ab dem Jahr 2023 nicht mehr gefördert.

Der Sachverständigenrat der Bundesregierung hat sich mittlerweile den Kritikern des Dienstwagenprivilegs angeschlossen, auch deshalb, weil es im offiziellen Subventionsbericht der Regierung gar nicht auftaucht. Der Sachverständigenrat fasst die Kritik am Dienstwagenprivileg so zusammen: »Insgesamt werden die Steuerlasten der Dienstwagennutzer auf die Gruppe der Nicht-Dienstwagennutzer umgewälzt.« Und was sagt Finanzminister Lindner von der FDP dazu? Er hält die Kritik am Dienstwagenprivileg für »linkes Framing«!

Bewirtungskosten – Spesen bezahlt der Staat

In manchen Branchen werden Besprechungen in einem Restaurant oder in einer Bar abgehalten. Als Angestellter sind Bewirtungskosten kaum von der Steuer abzusetzen. Falls tatsächlich ein Kunde oder Geschäftspartner zum Essen in ein Restaurant eingeladen wird, dann wird die Begleichung der Rechnung als betriebliche Angelegenheit anzusehen sein, und die Firma wird die Kosten übernehmen. Anders bei einem Selbständigen. Man muss kein kreativer »Steuervermeider« sein, um einen »betrieblichen« Anlass für ein »Geschäftsessen« zu finden. Natürlich darf man auch ein teures Restaurant aufsuchen und mehrere »Geschäftsfreunde« bewirten. Es sind lediglich einige Formvorschriften zu beachten. So muss die Rechnung den Registrierkassenausdruck und das Datum der Bewirtung enthalten. Meist sind schon auf der Rückseite des Beleges entsprechende Zeilen vorgegeben: Anlass der Bewirtung und bewirtete Personen. Wenn dann noch die Unterschrift des Einladers auf dem Beleg erscheint, dann ist den Formalien Genüge getan. Nachgeprüft werden solche Belege nie, denn sie sind nicht aussagekräftig. Vor allem deshalb nicht, weil die Adresse der bewirteten Person nicht erforderlich ist. Weil die eigene Verköstigung des Steuerpflichtigen nicht begünstigt sein soll, können nur 70 Prozent des Rechnungsbetrages inklusive des Trinkgeldes als Betriebsausgabe abgezogen werden, die in der Rechnung enthaltene Mehrwertsteuer unverständlicherweise aber in voller Höhe. Ein Beispiel: Es werden drei »Geschäftsfreunde« eingeladen. Die Rechnung beläuft sich auf 300 Euro + 57 Euro Mehrwertsteuer, man geht ja nicht ins billigste Restaurant und konsumiert auch alkoholische Getränke. Der Unternehmer bekommt die Mehrwertsteuer als Vorsteuer erstattet und setzt 210 Euro als Betriebsausgabe bei der Einkommensteuer an. Bei einem entsprechenden Grenzsteuersatz hat er sich effektiv 155 Euro gespart – und dabei noch vorzüglich gespeist. Natürlich führt unsere Beispielsperson seine Geschäftsfreunde nicht nur einmal im Jahr aus. Eines gilt es allerdings zu beachten: Eine Bewirtung sollte nicht gerade am Geburtstag des Unternehmers stattfinden. Wenn tatsächlich eigene Mitarbeiter zum Essen eingeladen werden, dann sind die vollen Kosten abzugsfähig. Bevor die gesetzliche Regelung einen Beleg mit Registrierkassenaufdruck verlangte, war dem Missbrauch bei den Bewirtungskosten noch mehr Tür und Tor geöffnet. Die gängige Praxis ging so: Unser Herr Großschmidt lud seine Frau oder Freundin in ein exklusives Restaurant ein. Wenn es dann ums Zahlen ging, wurde dem Kellner gleich ein üppiges Trinkgeld hingelegt, mit der Bitte, doch den zwei- oder dreifachen Betrag auf die Rechnung zu schreiben. So dass sich das oben genannte Motto von der »Privatkostentransformierung« in maximaler Weise erfülle.

Im kleineren Maßstab können Verköstigungen oder Geschenke den Gewinn mindern. So sind Supermarktwaren wie Wasser, Kaffee, Milch, Obst oder Kekse für Mitarbeiter oder Besucher als Betriebsausgaben absetzbar. Selbst erlesener Wein geht als Betriebsausgabe durch – als Geschenk für Geschäftsfreunde. Der Wert des einzelnen Geschenks darf nur den Betrag von 35 Euro nicht übersteigen.

PRIVATANSCHAFFUNGEN – WARUM NICHT BERUFLICH SEHEN?

Normalerweise werden steuerlich relevante Ausgaben im Jahr des Anfalls, bei nicht Buchführungspflichtigen im Jahr der Bezahlung berücksichtigt. In Fällen einer ersten Berufstätigkeit oder des Sich-selbständig-Machens können früher privat getätigte Anschaffungen als Betriebsausgaben oder Werbungskosten die Einkommensteuer mindern. Im Steuerjargon spricht man von einer Einbringung. Eingebracht werden kann zum Beispiel der Personal Computer eines Diplom-Ingenieurs, der während des Studiums angeschafft wurde und bisher bei der Steuer nicht berücksichtigt wurde. Wird zum ersten Mal ein häusliches Arbeitszimmer abgesetzt – wie es bei Lehrern üblich ist –, so können früher angeschaffte Einrichtungsgegenstände wie ein Schreibtisch, ein Bürostuhl und anderes mehr »eingebracht« werden. Je nach Berufsbild ergeben sich unterschiedliche und durchaus weitreichende Möglichkeiten. Ein anderes Beispiel: Ein Germanistikstudent wird nach dem Examen Lektor bei einem Verlag. Während des Studiums hat er sich eine umfangreiche Fachbibliothek angeschafft. Auf dieses Fachwissen in Papierform ist er in seinem Beruf angewiesen. Streitig ist dabei lediglich der »Einbringungswert« seiner Bibliothek. Solche Steuersparmöglichkeiten gibt es theoretisch für alle. In der Praxis profitieren davon vor allem akademische Berufe mit der Aussicht auf ein hohes Einkommen – mit einem entsprechenden Steuersatz. Die allermeisten Steuerpflichtigen wissen nichts von solchen Möglichkeiten – außer sie werden steuerlich beraten. Die berufsbezogenen Steuerberatungskosten kann man wiederum von der Steuer absetzen. Geringverdiener in einfachen Berufsgruppen haben außer ihrer Arbeitskraft nichts, was sie »steuerlich« einbringen könnten.

STEUERBERATUNGSKOSTEN – BETEILIGE DAS FINANZAMT AN DER »STEUERGESTALTUNG«

Bis zum Jahr 2006 konnten sämtliche Steuerberatungskosten als »Sonderausgaben« von der Einkommensteuer abgesetzt werden. Dann hat der Bundesfinanzhof die Abzugsfähigkeit begrenzt. »Privat« veranlasste Steuerberatungskosten hinsichtlich von Kinderfreibeträgen, außergewöhnlichen Belastungen oder haushaltsnahen Dienstleistungen können seither die Steuer nicht mehr mindern. Allerdings machte der Teil der Kosten kaum einen großen Betrag aus. Abzugsfähig sind alle Steuerberatungskosten, die mit der Ermittlung der Einkünfte zu tun haben, also alles, was Betriebsausgaben oder Werbungskosten betrifft. Buchführungs- oder Jahresabschlusskosten gehören zum Beispiel dazu, auch die Ermittlung eines Verlustes aus Vermietung und Verpachtung. Nicht einleuchtend ist die Geltendmachung der Steuerberatungskosten für die aufwendige Konstruktion von Verschiebungen aus dem Privat- in das Betriebsvermögen und das Jonglieren der Einkünfte zwischen den Ehegatten oder Gesellschaftskonstruktionen. Auch die darauf anfallenden Kosten werden anerkannt. Ebenso sind die Beratungskosten im Rahmen von Schenkungen und Erbschaften abzugsfähig. Weil das Steuerberatungshonorar mit dem Wert der Schenkung oder Erbschaft steigt, sind hier die Kosten besonders hoch. Die richtig Wohlhabenden können also die Allgemeinheit der Steuerzahler an den Kosten ihrer Steuervermeidung beteiligen. Nur bei den Einkünften aus Kapitalvermögen können keine Steuerberatungskosten abgezogen werden. Diese Einkünfte unterliegen der sogenannten Abgeltungssteuer und daher können hier keine Werbungskosten abgezogen werden. Ein Ersatz dafür besteht im sogenannten Sparerfreibetrag. Dieser betrug bisher 801 Euro pro Person. Mit dem Jahressteuergesetz 2023 wurde der Freibetrag auf 1.200 Euro erhöht. Wieder nur eine Erleichterung für die Großschmidts, denn Herr und Frau Kleinschmidt, die zu den 50 Prozent der Deutschen gehören, die kein Vermögen und schon gar kein Kapitalvermögen haben, profitieren natürlich davon nicht.

WAHL DER UNTERNEHMENSFORM – VERSCHIEBEN LOHNT SICH MEISTENS

So richtig Steuern sparen kann man als Selbständiger oder Gewerbetreibender. Wie wir gesehen haben, kann ein Teil der privaten Ausgaben in den Unternehmensbereich verschoben werden. Diese Verschiebung ist durch die Finanzämter schwer zu kontrollieren. Der oft zitierte Gestaltungsspielraum im Steuerecht kommt jedoch durch die Wahl der Unternehmensform erst so richtig zum Tragen. Im Wesentlichen geht es darum, ob ein steuerlicher Einzelbetrieb oder eine Gesellschaft für den Unternehmer in Frage kommt. Insbesondere sind es Kapitalgesellschaften wie GmbHs (Gesellschaft mit beschränkter Haftung) die oft einem Einzelbetrieb vorzuziehen sind. Dabei spielt der Gedanke der »beschränkten« Haftung, also die Haftung nur mit dem Betriebs- und nicht auch mit dem Privatvermögen, eher eine untergeordnete Rolle. Der zentrale Unterschied zu einem Einzelbetrieb besteht darin, dass eine GmbH ihre Gewinne auf der Ebene der Gesellschaft versteuert. Und das mit niedrigeren Steuersätzen. Der persönlichen Einkommensteuerpflicht unterliegen nur das Geschäftsführergehalt und eventuelle Ausschüttungen. Statt der Einkommensteuer zahlt eine GmbH Körperschaftsteuer. Der Steuersatz beträgt linear 15 Prozent. Dazu kommt noch die Gewerbesteuer – je nach Hebesatz – zwischen 14 und 17 Prozent des Gewinns. Man kann also von einer gleichbleibenden Steuerbelastung von ca. 30 Prozent ausgehen. Nun könnte man einwenden, dass bei einer GmbH immer auf die anderen Gesellschafter Rücksicht genommen werden muss. Dies ist aber bei einer

»Ein-Mann-GmbH« nicht der Fall. Firmenentscheidungen und die vermehrten steuerlichen Gestaltungsmöglichkeiten bleiben dem GmbH-Eigner. Hauptargument für die Gründung einer GmbH ist der Verbleib des Gewinns in der Gesellschaft und die dortige lineare Besteuerung. Die Höhe des Geschäftsführergehalts kann nach anderen steuerlichen Gesichtspunkten gestaltet werden. Dies hängt in erster Linie davon ab, wie hoch die weiteren Einkünfte, z.B. aus Kapitalvermögen oder Vermietung, des Steuerpflichtigen und eventuell des Ehegatten sind. Für ein Vergleichsbeispiel spielt die Umrechnung des progressiven Einkommensteuertarifs in einen Durchschnittssteuersatz eine entscheidende Rolle. Bei einer einzeln veranlagten Person, wie Herrn Großschmidt, mit einem zu versteuernden Einkommen von 120.000 Euro liegt der durchschnittliche Steuersatz bei ca. 40 Prozent. Mit einer GmbH gibt es nur den linearen Satz von 30 Prozent und damit 10 Prozent weniger. Schon hat man eine Nettosteuerersparnis von 12.000 Euro. Bei einem zu versteuernden Einkommen von 250.000 Euro beträgt die Steuerersparnis schon 35.000 Euro. Nun könnte man einwenden, wenn zu viel Geld in der GmbH bleibt, dann sind die Haftungsgrenzen auch höher. Doch auch hier gibt es eine relativ einfache Lösung. Es wird einfach eine zweite GmbH gegründet – eine dient dem laufenden Geschäft und die andere als »Spardose«. Den »Verschiebungs-Trick« hat nach einem Bericht der *Süddeutschen Zeitung* auch Andrea Tandler angewendet. Nachdem sie mit einem Partner 48 Million Euro am »Masken-Deal« erhalten hatte, floss das Geld gleich in drei verschiedene GmbHs, die im Gewerbesteuerparadies Grünwald ihren Sitz haben. Wahrscheinlich war der »Steuer-Deal« dann doch zu dreist. Die Staatsanwaltschaft ermittelt, und Andrea Tandler kam in Untersuchungshaft.

Als GmbH-Geschäftsführer gilt man als Arbeitnehmer. Damit eröffnen sich eine Reihe weiterer »gestalterischer« Möglichkeiten. Nicht nur, dass man jetzt den allgemeinen Arbeitnehmerfreibetrag in Höhe von 1.230 Euro erhält. Als Chef hat man direkten Einfluss auf die Angestelltenverhältnisse der Firma. Ist die Ehefrau bisher nicht berufstätig oder nur auf selbständiger Basis, dann lohnt sich deren Anstellung immer, denn auch sie kommt jetzt in den Genuss des Arbeitnehmerfreibetrages. Ebenfalls können Kinder angestellt werden, jedenfalls wenn diese über 16 Jahre alt sind (Jugendschutz). Die Arbeitsverträge müssen nur »wie unter Fremden« abgeschlossen sein, insbesondere muss das Tätigkeitsprofil ausgewiesen sein und das Geld muss auf ein eigenes Konto fließen. »Anstellungen« von Kindern kamen auch bei der sogenannten »Verwandtenaffäre« bei CSU-Parlamentariern des Bayerischen Landtages ans Tageslicht. Der ehemalige Vorsitzende des Haushaltsausschusses des

Landtages, Georg Winter, hatte im Jahr 2000 seine damals 13 und 14 Jahre alten Söhne zur Wartung seiner Computer »angestellt«. Nicht nur dass dies ein Verstoß gegen das Jugendarbeitsschutzgesetz gewesen ist. Winter ließ sich das Ganze auch noch zu 100 Prozent vom Steuerzahler finanzieren. Besonders beliebt sind »geringfügige Beschäftigungsverhältnisse«, wie es auf Amtsdeutsch heißt. Das Hauptmerkmal solcher Minijobs besteht darin, dass bis zu einer monatlichen Grenze von 520 Euro für den Arbeitnehmer keine Steuerpflicht besteht. Der Arbeitgeber muss allerdings Kranken- und Rentenversicherungsbeiträge pauschal abführen. Zusammen mit dem Arbeitslohn stellen diese Beiträge steuermindernde Betriebsausgaben dar. Eine echte Win-win-Situation: Die GmbH des Ehemanns spart sich Körperschaft- und Gewerbesteuer, und das Minijobgehalt gilt nicht als steuerpflichtiges Einkommen der Ehefrau. Sie kann weiterhin vom Splittingtarif profitieren. Außerdem erwirbt sie Ansprüche für die eigene Rentenversicherung, wenn auch nur minimale.

RÜCKSTELLUNGEN UND BEWERTUNGEN – HÖHER ANSETZEN LOHNT SICH

Als GmbH ist man immer buchführungspflichtig. Der Gewinn wird durch einen »Vermögensvergleich« ermittelt. Vermögen am Ende eines Geschäftsjahres abzüglich Vermögen am Anfang des Jahres = Gewinn. Dadurch können Einnahmen und Ausgaben wirtschaftlich besser zugeordnet werden. Dies gilt insbesondere für Ausgaben, die der Sache nach schon angefallen sind, aber erst später bezahlt werden müssen. Ein Paradebeispiel dafür sind die Jahresabschlusskosten. Die 5.000 Euro, die für den Steuerberater im laufenden Jahr anfallen, aber erst im nächsten bezahlt werden, vermindern als steuerliche Rückstellung den Gewinn. Viele Rückstellungsmöglichkeiten werden vom Finanzamt anerkannt. Es gibt sogar eine »Aufbewahrungsrückstellung«, weil die steuerlichen Unterlagen ja 10 Jahre lang sicher aufbewahrt werden müssen. Bei einem Vermögensvergleich ist die Bewertung von Vermögensbestandteilen unumgänglich. Anlagevermögen unterliegt der Abnutzung. Dafür gibt es für die gebräuchlichsten Güter offizielle Tabellen. Für einen neuen Pkw gilt eine Nutzungsdauer von sechs Jahren. Wer mit einer sehr hohen Kilometer-Leistung für sein Fahrzeug argumentieren kann, bekommt eine kürzere Nutzungsdauer zugestanden. Bei ausstehenden Forderungen zeigt die Geschäftserfahrung, dass nicht alle einzutreiben sind, daher kann eine steuermindernde Wertberichtigung vorgenommen werden. Über solche Abschreibungsmodi und

Wertberichtigungen kann man sich trefflich streiten. Bei Betriebsprüfungen wird darüber sogar regelmäßig gefeilscht. Für kleinere und mittlere Betriebe, das sind solche bis zu einem Gewinn von 100.000 Euro, gibt es sogar Sonderabschreibungen in Höhe von 20 Prozent der Anschaffungskosten für ein betriebliches Wirtschaftsgut (§ 7 g Abs. 6 EStG). Steuerpflichtige, die sich auskennen, setzen in der Steuererklärung immer höhere Betriebsausgaben an, die den Gewinn mindern. Kommt die – bei Klein- und Mittelbetrieben nur selten durchgeführte – Betriebsprüfung zu anderen Ergebnissen: Kein Problem, denn man wird sich einigen. Kommt das Finanzamt zu anderen Ergebnissen, wird eine Hinterziehungsabsicht nicht unterstellt. Über Bewertungen kann man sich ja streiten. Und für die Jahre, in denen keine Betriebsprüfung stattgefunden hat, bleibt es in der Regel bei den von den Steuerpflichtigen angenommenen Werten.

Bei den Einkünften aus selbständiger Tätigkeit und Gewerbebetrieb gibt es also mit ein bisschen Kreativität einiges an Steuern zu sparen. Allerdings gibt es für Gewerbetreibende eine zusätzliche Steuer – die Gewerbesteuer. Bevor wir uns mit den Möglichkeiten des Steuersparens bei den Kapitaleinkünften und aus Vermietung beschäftigen, einige Anmerkungen zur Gewerbesteuer, die ebenfalls – oft am Rande der Legalität – gedrückt werden kann.

GEWERBESTEUER – STEUER SPAREN MIT DER WAHL DES STANDORTS

Die Gewerbesteuer wird von Gewerbetreibenden erhoben. In Abgrenzung zu selbständigen Tätigkeiten wie Heilberufen, Rechtsanwälten, Ingenieuren, Autoren usw. soll die Besteuerung gerade für solche Betriebe gelten, die stark auf eine kommunale Infrastruktur angewiesen sind. Die Gewerbesteuer war als Ausgleich für Emissionen wie Luftverschmutzung, Lärm, Gestank oder auch Raumverbrauch gedacht. Landwirtschaftliche Betriebe, die ebenfalls Gestank, Lärm und andere Emissionen produzieren, sind von der Gewerbesteuer ausgenommen, denn diese sind ja nicht »gewerblich« tätig. Der wirkliche Grund war, dass sich die Landwirtschaftslobby erfolgreich gegen die Gewerbesteuer gewehrt hat.

Prototypen von Gewerbebetrieben sind Stahlwerke, Baufirmen, Brauereien etc., die mit ihren Emissionen die Lebensqualität in den Gemeinden beeinträchtigen. Daher fließt die Gewerbesteuer auch den Gemeinden zu. Bemessungsgrundlage für die Gewerbesteuer ist der Unternehmensgewinn. Somit sind schon alle echten und fragwürdigen Betriebsausgaben abgezogen.

Bis 1998 gab es noch den Anknüpfungspunkt des »Gewerbekapitals« als Bemessungsgrundlage. Damit konnten die lokalen Produktionsfaktoren wie Gebäude, Werkstätten und Fabrikanlagen in die Besteuerung mit einfließen. Steuerpolitisch ist der Verzicht darauf völlig unverständlich, denn Betriebsgebäude, Anlagen und Maschinen lassen sich nicht einfach »runterrechnen«. Und besonders sind die Preise für Gebäude und Grundstücke in den letzten 10 Jahren stark gestiegen, was zu nicht unbeträchtlichen Gewerbesteuermehreinnahmen geführt hätte.
Das Finanzamt errechnet aus dem Gewerbegewinn einen sogenannten Gewerbesteuermessbetrag. Die Gemeinden können mit unterschiedlichen Hebesätzen auf den Messbetrag die Höhe der Gewerbesteuer beeinflussen. Bis zum Jahr 2004 konnten Gemeinden sogar ganz auf die Gewerbesteuer verzichten. So legte etwa die nordfriesische Gemeinde Nordfriedrichskoog den Hebesatz auf null Prozent fest. Was zur Folge hatte, dass in der 37 Einwohner zählenden Gemeinde sehr schnell 380 Kapitalgesellschaften Niederlassungen hatten. Über Tochterfirmen waren dort die Deutsche Bank, E.ON, die Commerzbank, Lufthansa und andere DAX-Unternehmen vertreten. Natürlich hatten diese Firmen dort keine Betriebsstätte. Es langt ein Briefkasten, allenfalls ein Gemeinschaftstelefonservice zur Weiterleitung von Anfragen. Nur die British Vergin Islands hatten damals eine höhere Steuervermeidungsdichte via Briefkastenfirmen. 2004 wurde dann bundesweit nach § 16 Abs. 4 GewStG ein Mindesthebesatz von 200 Prozent eingeführt, was dem nordfriesischen Modell aber nur begrenzt schadete, denn viele Briefkastenfirmen blieben. Allerdings musste dann die Küstengemeinde über die sogenannte Kreisumlage einen Gutteil der Gewerbesteuereinnahmen wieder abgeben. Seit 2018 gilt dort ein Hebesatz von 336 Prozent.
Der Mindesthebesatz für die Gewerbesteuer liegt seit 2004 immer noch bei 200 Prozent, und es gibt einen regelrechten Wettbewerb der Gemeinden um gewinnstarke Firmen. Den Mindestsatz erhebt zum Beispiel die Stadt Zossen in Brandenburg. Dort gibt es ein zweistöckiges Gebäude, in dem über 200 Firmen »untergebracht« sind. Für 99 Euro im Monat kann man sich in Zossen nicht nur einen Schreibtisch mieten, sondern auch noch das Telefon umleiten lassen. Firmen mit einer Produktionsstätte im benachbarten Berlin zahlen dort bei einem Hebesatz von 410 Prozent mehr als das Doppelte an Gewerbesteuer. Ein Beispiel aus Nordrhein-Westfalen kann den Unterschied zwischen benachbarten Gemeinden verdeutlichen. Düsseldorf hat einen Hebesatz von 440, die Stadt Monheim einen von 250 Prozent. Eine Betriebsverlagerung von wenigen Kilometern kann sich also richtig auszahlen.

In Düsseldorf zahlte eine GmbH pro 100.000 Euro Gewerbeertrag 32.225 Euro an Ertragsteuern. In Monheim dagegen nur 24.575 Euro, also eine Ersparnis von 6.650 Euro für das Beispielsjahr 2020. Bei einem Gewinn von einer Million sind das schon 66.500 Euro. Es muss ja nicht die gesamte Firma nach Monheim umziehen. Es genügt, wenn dort eine Niederlassung gegründet wird, die etwa Lizenzen und Patente verwaltet und versteuert. Die traditionelle Konzernmutter in Düsseldorf kann diese Kosten selbstverständlich als Betriebsausgaben darstellen und ihren Gewinn so vermindern.

Ähnliche Unterschiede gibt es zwischen der Stadt München und den Vorortgemeinden Pullach, Gräfelfing und Grünwald, die vor den Toren der bayerischen Landeshauptstadt liegen. Grünwald hat einen Hebesatz von 240 – München einen von 490 Prozent. Nicht nur, dass viele Prominente in Grünwald wohnen, auch schwerreiche Volkswagen- und Porsche-Miteigentümer haben in Grünwald eine Niederlassung oder ihren Firmensitz angemeldet. Man kann davon ausgehen, dass Grünwald ein Eldorado der Groß-Großschmidts ist. Die Büroräume und die meisten Mitarbeiter, da ja den eigentlichen Gewinn erwirtschaften, befinden sich aber meist in München. Bei diversen Immobilienfirmen ist dies der Fall. Auch die vermieteten Wohnungen befinden sich in München, und dort werden auch die meisten Bauvorhaben realisiert.

Wieviel Gewerbesteuer von den Firmen in den einzelnen Gemeinden bezahlt wird, ist nicht bekannt. Dies unterliegt dem Steuergeheimnis, zu dem später noch einiges zu sagen sein wird. Der Sinn der Gewerbesteuer, nämlich für die zur Verfügung gestellte kommunale Infrastruktur und verursachte Emissionen zu bezahlen, wird vollkommen verfehlt. Die Gemeinden kontrollieren praktisch nicht, ob es sich um Briefkastenfirmen oder echte Firmensitze handelt. Dies wäre ja auch kontraproduktiv, denn ohne Firmensitz keine Gewerbesteuer! Kontrollieren würden gerne die Kämmerer der Großstadtgemeinden wie Düsseldorf oder München. Diese sind aber nicht zuständig, und die übergeordneten Finanzämter sind überfordert. Auch Andrea Tandler, die Tochter des ehemaligen bayerischen Finanzministers und Strauß' Intimus, Gerold Tandler, hat mit der »Little Penguin GmbH« ihren Firmensitz in Grünwald. In München betreibt sie eine Firma mit dem Namen »Pfennigturm«. Ob sie von Grünwald oder von München aus das lukrative Maskengeschäft am Anfang der Corona-Epidemie zu Lasten der Allgemeinheit eingefädelt hat, ist nicht bekannt. Mindestens wird jetzt wegen einer Gewerbesteuerhinterziehung ermittelt. Die SPD-Fraktion im Bayerischen

Landtag beziffert die Gewerbesteuerersparnis auf 4 Millionen Euro zu Lasten der Stadt München.
Aber auch ohne kriminelle Energie bei der Standortfestlegung können Gewinne hin und her geschoben werden. Den Betrieb in diverse GmbHs und Holdings aufzuspalten, erleichtert die Gestaltungsmöglichkeiten und damit das Steuerdumping. Einer Stadt wie München entgehen damit Dutzende Millionen Euro, die dringend für Schulen, Kinderbetreuung und Ausbau des öffentlichen Nahverkehrs gebraucht würden. Dabei könnte der Gesetzgeber durchaus etwas ändern, zum Beispiel indem er festlegt, dass die Hebesätze nur in einer gewissen Spanne voneinander abweichen dürfen. Alternativen wären, den Gemeinden höhere Anteile an der Einkommen- bzw. Körperschaftsteuer zukommen zu lassen, was insbesondere ärmeren Gemeinden zugutekommen würde. Wenn bei der Einkommensteuer schon der Grundsatz der Gleichheit unter den Steuerpflichtigen verletzt wird, so muss man bei der Gewerbesteuer in der jetzigen Form eine Verletzung der Chancengleichheit unter den Gemeinden beklagen.
Vermietungen sind – systemwidrig – von der Gewerbesteuer befreit. Systemwidrig deshalb, weil von Immobilien die gleichen Belastungen ausgehen können, für die diese kommunale Steuer gedacht war, nämlich für Baulärm, Abgase, Flächenverbrauch, Verkehr usw. Dies gilt insbesondere für die Vermietung von Gewerbeimmobilien. Von der Gewerbesteuerfreiheit der Vermietung profitieren wieder die Wohlhabenden, vor allem die, die mehrere Wohnungen vermieten, oder gleich die großen Immobilienfirmen. Den Einzelvermieter, der sich eine Eigentumswohnung als Altersvorsorge angeschafft hat, würde wegen des Freibetrages von 24.500 Euro die Gewerbesteuer gar nicht treffen. Eine Vergrößerung der Einnahmenbasis der Gemeinden könnte die Heranziehung von Freiberuflern zur Gewerbesteuer darstellen. Die Gewerbesteuer trifft Kapitalgesellschaften und Einzelunternehmer. Letztere können nach § 35 EStG die bezahlte Gewerbesteuer mit dem 4,0-Fachen des Gewerbesteuer-Messbetrages von der Einkommensteuer absetzen.

4. Steuern sparen mit Immobilien

4. Steuern sparen mit Immobilien – die hohe Kunst der Steuergestaltung

Bei Immobilien tun sich in unserem Steuersystem ungeahnte Möglichkeiten auf. Dies gilt für Eigennutzung und Vermietung. Deutschland ist ein Land der Mieter. Die Eigenheimquote liegt bei 51,4 Prozent; nirgendwo in der Europäischen Union ist sie niedriger. Für knapp die Hälfte der Bevölkerung entfällt – mangels Immobilienbesitz – die Möglichkeit, hierbei Steuern zu sparen. Als Mieter geht es in die andere Richtung. 40 Prozent der Haushalte in Großstädten haben eine Mietkostenbelastung von über 30 Prozent des Nettoeinkommens. Nicht wenige müssen mehr als 40 Prozent für die Miete aufwenden. Der Eigentümer einer Wohnung oder eines Wohnhauses hat dagegen diverse steuerliche Möglichkeiten. Dies geht über das sogenannte Baukindergeld, bei Denkmalschutzaufwendungen und bei den Handwerkerleistungen. Neuerdings gibt es auch Absetzungsmöglichkeiten für eine energetische Sanierung.
Steuerlich richtig interessant wird es erst bei vermieteten Immobilien. Ca. neun Prozent der Haushalte in Deutschland besitzen eine vermietete Wohnung. Man kann davon ausgehen, dass dieser Personenkreis eher zu den Wohlhabenden zählt. Das reichste Fünftel der Deutschen besitzt sogar 75 Prozent des Immobilienvermögens. Gerade für diesen Kreis eröffnen sich lukrative steuerliche Möglichkeiten.
Immobilien lassen sich vergleichsweise gut besteuern. Sie können nicht in Steueroasen verschoben, nicht in einem Bankschließfach eingeschlossen und auch nicht unter dem Kopfkissen aufbewahrt werden. Doch die Besteuerungsmöglichkeit ist oft nur eine theoretische. Vielmehr bieten Immobilien einige Möglichkeiten des Steuersparens. Steuerlich relevante Anknüpfungspunkte durch Immobilien bestehen über diverse Steuerarten: Einkommensteuer, Körperschaftsteuer und Gewerbesteuer, Grundsteuer, Grunderwerbsteuer, Erbschaftsteuer und Vermögensteuer – bei letzterer aktuell nicht mehr, denn die Vermögensteuer ist seit 1998 ausgesetzt. Paradoxerweise durch ein Urteil des Bundesverfassungsgerichts, welches den niedrigen Wertansatz von Immobilien im Rahmen der Vermögensteuer kritisierte und diese nur deshalb als verfassungswidrig einstufte. Sowohl die Regierung Kohl als auch alle Nachfolgerregierungen trauten sich nicht mehr, sie wieder einzuführen.
Immobilien haben zudem über Eigentum und Miete auch einen entscheidenden Einfluss auf die Vermögensverteilung und damit nicht zuletzt auch auf die Lebensqualität der Menschen in Deutschland.

Eigennutzen und Steuern sparen

Zunächst bleibt festzuhalten, dass die Eigennutzung einer Immobilie weitgehend steuerfrei ist. Das bedeutet für fast die Hälfte der Bevölkerung, besonders in Zeiten steigender Preise und inflationärer Tendenzen, ihr Vermögen zu vermehren. Lediglich beim Erwerb einer Immobilie fällt die Grunderwerbsteuer an. Schenkungen oder Vererbungen im engsten Familienkreis sind von der Grunderwerbsteuer befreit. Und im weiteren Verlauf des Immobilienbesitzes geht der Staat bis auf die sehr geringe Grundsteuer leer aus. Dies ist sozialpolitisch auch erwünscht, und viele Menschen könnten auf ihr Häuschen auch keine nennenswerten Steuern zahlen.
Andererseits kann man seine eigengenutzte Immobilie zusätzlich zum Steuersparen einsetzen. § 35 c des Einkommensteuergesetzes macht es seit dem Jahr 2020 möglich. Begünstigt sind dabei energetische Sanierungsmaßnahmen wie der Einbau einer neuen Heizung, Wärmedämmung, neue Fenster, Türen usw. Bis zu einem Rechnungsbetrag von 200.000 Euro geht die Förderung. 20 Prozent davon können, verteilt auf drei Jahre, direkt von der Steuer abgesetzt werden. Wenn man sich eine Zweitwohnung leisten kann, dann geht das Steuersparen nochmal von vorne los, denn die Förderung ist objektbezogen. Außerdem gibt es noch andere Förderprogramme z.B. über die Kreditanstalt für Wiederaufbau und den Abzug von Denkmalschutzaufwendungen, die man allerdings auf 12 Jahre verteilen muss.
Nicht zu vergessen sind die bereits dargestellten Absetzungsmöglichkeiten von Handwerkerrechnungen. Also durchaus nicht wenig für Eigennutzer. Wer aber schon knapp bei Kasse ist, kann sich das alles nicht leisten und geht weitgehend leer aus. Daher wurde bei der Einführung des Baukindergeldes auf eine soziale Komponente geachtet. Gefördert werden nur Familien mit Kindern, Einkommensgrenzen müssen eingehalten werden, und die Förderung ist pauschaliert, d.h. sie ist nicht vom individuellen Grenzsteuersatz abhängig. 12.000 Euro gibt es auf zehn Jahre verteilt, und das zu versteuernde Einkommen der Familie darf 90.000 Euro im Jahr nicht überschreiten. Diese Einkommensgrenze gilt für Familien mit einem Kind, pro weiteres Kind erhöht sich diese Grenze um jeweils 15.000 Euro. Bezugsjahr ist das vor- und vorvorletzte Jahr vor Antragstellung. Danach spielen Einkommensobergrenzen keine Rolle mehr. Dies klingt zunächst sozial angehaucht. Aber durch diverse Absetzungspositionen oder Einnahmeverlagerungen innerhalb dieses Zweijahreszeitraums kann das zu versteuernde Einkommen nicht unbeträchtlich »runtergerechnet« werden, um antragsberechtigt zu sein. Die Größe

der Wohnung spielt keine Rolle. Das Baukindergeld ist 2021 ausgelaufen. Im Endeffekt kam das Baukindergeld wiederum besonders einkommensstarken Haushalten zugute. Mit Hilfe eines Steuerberaters und einem ausgeprägten steuerlichen Gestaltungswillen gab es bei Familien mit Immobilienwunsch einen schönen Mitnahmeeffekt. Wird das Eigenheim später verkauft, muss die Subvention nicht zurückbezahlt werden.

Teuer vermieten und trotzdem Steuer sparen

Bei vermieteten Immobilien tun sich ungeahnte Möglichkeiten für unsere Großschmidts auf. Einkünfte aus Vermietung und Verpachtung zählen zu den sieben Einkunftsarten. Sie sind von der Umsatzsteuer befreit. Steuerpflichtige müssen ihre Mieteinnahmen bei der Steuer zwar angeben, können aber alle Kosten rund um die Immobilie gegenrechnen. Dazu zählt die sogenannte Abschreibung (Absetzungen für Abnutzung). Diese beträgt 2 bzw. 2,5 Prozent (bei vor 1925 errichteten Gebäuden) der Anschaffungs- oder Herstellungskosten des Gebäudes. Für 2019 bis 2021 gab es sogar eine Sonderabschreibung von zusätzlichen 5 Prozent auf jeweils 4 Jahre – ein Supersteuergeschenk für unsere Wohlhabenden. Kosten für Grund und Boden können nicht abgeschrieben werden. Dafür alle laufenden Kosten wie Versicherungen, Grundsteuer und Verwaltungskosten. Einen großen Posten machen Schuldzinsen und Reparaturaufwendungen aus. Da sehr viele Eigenheimbesitzer auch Vermieter sind, eröffnen sich hier zwar keine legalen Spielräume. Aber das Finanzamt wird in vielen Fällen kaum überprüfen können, ob die geltend gemachten Erhaltungsaufwendungen auch tatsächlich in der vermieteten Wohnung stattgefunden haben.

Auch bei einem Leerstand können Steuern gespart werden. Der Vermieter muss nur eine »Vermietungsabsicht« darlegen können. So können Steuerpflichtige ihre bisher vermietete Wohnung ohne Rücksicht auf lästige Mieter und Kündigungsschutzfristen weiterhin von der Steuer abschreiben bzw. die laufenden Kosten als »Verlust« darstellen. Diese Verluste werden dann in der Einkommensteuerveranlagung mit positiven Einkünften verrechnet. Noch besser geht es bei möbliert vermieteten Objekten. Einerseits kann eine höhere Miete verlangt werden, und andererseits können alle Einrichtungsgegenstände sofort abgeschrieben werden, sofern die Anschaffungskosten unter 800 Euro liegen. Außerdem ist bei möblierter Vermietung auch der Kündigungsschutz weitgehend ausgehebelt. Besonders in den ersten Jahren nach Anschaffung einer zur

Vermietung vorgesehenen Immobilie können Steuern gespart werden. Vor allem bei gebrauchten Wohnungen oder Häusern ist dies der Fall. Neben den am Anfang höheren Schuldzinsen können die »Erhaltungsaufwendungen« unter bestimmten Grenzen sofort oder verteilt auf zwei bis fünf Jahre abgesetzt werden. Diese Gestaltungsmöglichkeiten mit Kurzzeiteffekt können auch einen gewollten Langzeiteffekt haben. Nehmen wir folgendes Beispiel: Ein Steuerpflichtiger in mittleren Lebensjahren erwirbt eine Immobilie und macht wegen diverser Investitionen und einer hohen Fremdfinanzierung steuerliche Verluste. Wenn er dann in Rente oder Pension geht und sein Einkommen dann spürbar sinkt, beginnt die Gewinnzone seiner Vermietung. Auch ihm kommt der progressive Steuertarif zugute. Seine anfänglichen Verluste wirken sich mit einem angenommenen Grenzsteuersatz von 42 Prozent aus. In seiner Ruhestandsphase hat er dagegen möglicherweise einen von ca. 30 Prozent. Daher raten Steuerberater: Erst vermieten und später eigennutzen! Auch außerhalb der steuerlichen Absetzungsmöglichkeiten gibt es für energetische Sanierungen und Heizungsumstellungen Zuschüsse der Kreditanstalt für Wiederaufbau (KfW) bis zu 50 Prozent der begünstigten Aufwendungen.

Eine andere Art von Gestaltungsspielraum ergibt sich bei der Veräußerung der Immobilie. Vermietete Immobilien müssen sich nur zehn Jahre im Eigentum des Steuerpflichtigen befunden haben, dann ist der »Spekulationsgewinn« steuerfrei. Bei einer Eigennutzung beträgt die befreiende Wirkung mindestens drei Jahre. Wer also »anstrengungslos«-- vielleicht nach einer Erbschaft – große Wertsteigerungen bei seiner Immobilie realisiert hat, kommt bei einem Verkauf nach der dargelegten Wartefrist, vollkommen steuerfrei davon. Die Gewinne können immens sein, denn die Immobilienpreise – vor allem in Ballungsgebieten – sind in den letzten Jahren drastisch gestiegen. Seit die Europäische Zentralbank im Jahr 2009 ihre Niedrigzinspolitik eingeführt hat, gibt es Preissteigerungen von bis zu 200 Prozent. In München etwa lag der Quadratmeterpreis für eine Eigentumswohnung im Jahr 2012 bei 3.400 Euro, im Jahr 2021 waren es schon 8.800 Euro, und das im Durchschnitt. Die Ungerechtigkeit wird noch dadurch gesteigert, dass diese leistungslosen Wertsteigerungen zu 55 Prozent dem obersten 10 Prozent der Vermögensreichsten zugutekommen. Die unteren 50 Prozent haben gar nichts davon, denn sie besitzen keine Immobilien.

Dass die Reichen immer reicher werden, liegt neben den gestiegenen Aktienkursen eben vor allem an der rasanten Preisentwicklung bei den Immobilien. Parallel dazu sind auch die Mieten stark gestiegen. Das heißt: Vermieter profitieren doppelt – einmal durch erhöhte Mieteinnahmen und

dann von der Steuerfreiheit im Falle der Veräußerung. Der Staat verzichtet zugunsten der Wohlhabenden im Immobilienbereich auf Steuereinnahmen in Milliardenhöhe, belastet aber zugleich Normalverdienende mit steigenden Einkommensteuerbeträgen und hohen Sozialabgaben.
Wer klugerweise gleich in mehrere Immobilien investiert hat, kann noch krasser Steuer sparen. Man braucht dazu nur eine GmbH zu gründen. Der Trick geht so: Für die eigengenutzte Wohnung ändert sich nichts – sie bleibt im Privatvermögen. Eine vermietete Immobilie, die steuerliche Verluste oder kleine Überschüsse bringt, verbleibt ebenfalls im Privatvermögen. Die anderen vermieteten Wohnungen lässt man dann von einer Immobilien-GmbH verwalten. Die GmbH unterliegt zwar der Körperschaftssteuer – die beträgt aber nur 15 Prozent, also eklatant weniger als der Grenzsteuersatz bei Wohlhabenden. Eine Immobilien-GmbH unterliegt auch nicht der Gewerbesteuer, solange sich die Tätigkeit auf die Verwaltung der Immobilie bezieht. Der zweite Vorteil: Die Immobilie gilt als Betriebsvermögen, und hier beträgt der Abschreibungssatz drei Prozent der Anschaffungskosten, im Gegensatz zu den zwei Prozent beim Privatvermögen. Weil aber bei einer GmbH sich die Immobilien im Betriebsvermögen befinden, kann es bei einem Verkauf zu einem steuerpflichtigen Veräußerungsgewinn kommen. Für Unternehmen, die langfristig am Markt agieren, gibt es trotzdem eine Hintertür. Die durch die Veräußerung aufgedeckten Gewinne können schon nach sechs Jahren steuerfrei auf eine neue Immobilie übertragen werden. Für Immobilienverkäufe aus einem Betriebsvermögen forderte jüngst der bayerische Finanzminister Albert Füracker eine pauschale Besteuerung mit 25 Prozent – ein weiteres schönes Geschenk für die wohlhabende Klientel der CSU.

GRUNDSTEUER – WENIG STEUERN FÜR TEURE IMMOBILIEN

Wer ein Grundstück – bebaut oder unbebaut – besitzt, gehört in der Regel nicht zu den Armen. Daher ist der Grundbesitz seit jeher Anknüpfungspunkt für die Steuer. Im Römischen Reich war die Grundsteuer sogar die wichtigste Steuer. In Deutschland fließt die Grundsteuer den Gemeinden zu; sie kann auf die Mieter umgelegt werden. Bemessungsgrundlage für die Grundsteuer in der bisherigen Form waren die Einheitswerte der Grundstücke. Die Einheitswerte wurden in Westdeutschland im Jahr 1964 (!) und in Ostdeutschland im Jahr 1935 (!) durch eine sogenannte Hauptfeststellung ermittelt. Daraus wurde dann ein Grundsteuermessbetrag errechnet. Die Gemeinden können auf den Grundsteuermessbetrag einen selbst zu bestimmenden Hebesatz aufschlagen. Die Hebesätze sind in Bayern eher niedrig, man will ja die Wohlhabenden nicht besonders belasten. In Nordrhein-Westfalen, Bremen und Berlin sind sie dagegen relativ hoch. In Essen zum Beispiel beträgt der Hebesatz 670 Prozent, in Berlin 810 Prozent. In Regensburg beträgt der Hebesatz 395 Prozent. In München beträgt er 535 Prozent. Trotzdem zahlt man in der bayerischen Landeshauptstadt für eine 66 qm große Eigentumswohnung, die vielleicht einen Wert von 600.000 Euro hat, nur 132,75 Euro Grundsteuer im Jahr. Im Verhältnis zum Wert einer solchen Wohnung: Peanuts!

Im Jahr 2018 hat das Bundesverfassungsgericht das Grundsteuergesetz für verfassungswidrig erklärt, weil es durch die veralteten Einheitswerte zu erheblichen Wertverzerrungen bei den Grundstücken gekommen sei. 2019 wurde daher ein neues Grundsteuergesetz verabschiedet, welches diese Verzerrungen beseitigen sollte. Es gibt ein Bundesgrundmodell – eine Art Mischberechnung –, in das der Bodenrichtwert, das Alter des Gebäudes und die Höhe der zu erzielenden Miete einfließen. Die Gemeinden können weiterhin mit unterschiedlichen Hebesätzen ihre Einnahmen aufbessern. Neu ist die Einführung einer »Grundsteuer C«, die den Wert baureifer Grundstücke besser erfassen kann. Als Vorgabe des Gesetzes müssen die bebauten und unbebauten Grundstücke zum 01.01.2022 neu bewertet werden. Dadurch könnte es tatsächlich zu einer höheren Grundsteuer für alle Wohnungseigentümer kommen. In Kraft treten soll das Gesetz erst im Jahr 2025. Drei Jahre also braucht die Steuerverwaltung, um die Immobilien neu zu bewerten.

Allerdings beinhaltet das neue Grundsteuergesetz eine sogenannte Öffnungsklausel, d.h., die einzelnen Bundesländer können mit ihren Regelungen vom Bundesmodell abweichen. Der Freistaat Bayern hat dies getan. Hier richtet sich ab dem 01.01.2025 die Höhe der Steuer nur nach der Grundstücksfläche. Der Marktwert des Hauses oder Wohnung wird gerade nicht berücksichtigt. Ein echtes Steuergeschenk für die Wohlhabenden in den Ballungszentren Bayerns! Ein Beispiel: In München kostet der Quadratmeter an erschlossenem Grund und Boden in begehrten Wohnvierteln bis zu 5.000 Euro, in den Einkaufszonen der Innenstadt bis zu 150.000 Euro für gewerbliche Objekte. In Oberfranken und Brandenburg dagegen sind baureife Grundstücke für unter 100 Euro pro Quadratmeter zu haben. Die zu bezahlende Grundsteuer ist in München aber nicht viel höher als in Hof oder Cottbus. Mit dem neuen Grundsteuergesetz sollten die Eigentümer nämlich nicht viel stärker als bisher belastet werden. Wenn man bedenkt, dass der aktuelle Immobilienwert, inklusive der Grundstückswerte, in Deutschland ca. 14 Billionen Euro beträgt, aber das Grundsteueraufkommen gerade mal 14 Milliarden Euro ausmacht, dann wird einem bewusst, auf welch riesiges Steuerpotential verzichtet wird, das nach dem steuerrechtlichen Leistungsfähigkeitsprinzip leicht von den Wohlhabenden getragen werden könnte. Dieses Besteuerungspotential wird beispielsweise in den USA ausgenutzt. Dort ist die Höhe der Grundsteuer je nach Bundesstaat unterschiedlich, aber wesentlich höher als in Deutschland. Ein durchschnittlich immobilienbesitzender Haushalt zahlt in den Vereinigten Staaten ca. 2.200 Dollar an Grundsteuern im Jahr. Und anders als in Bayern ist dort der Verkehrswert die Bemessungsgrundlage für die Steuererhebung. Bei einer Orientierung am Verkehrswert könnte die Grundsteuer als eine sozialadäquate Steuer gelten. Ihr kann man nicht entkommen, und es gibt keine individuellen Gestaltungsmöglichkeiten.

Grunderwerbsteuer – doch nicht für Immobilienkonzerne

Die Grunderwerbsteuer gilt als eine der ältesten Steuern. Schon im Römischen Reich wurde sie erhoben und betrug üblicherweise 5 Prozent des Kaufpreises. Die Begründung für diese Steuer war und ist einfach: Wer sich ein Grundstück oder ein Haus leisten kann, der hat auch Geld, um Steuern zahlen zu können. In Deutschland fließt die Grunderwerbsteuer den Ländern zu. Seit 2006 können die Länder deren Höhe selbst bestimmen. In Nordrhein-Westfalen beträgt sie 6,5 Prozent und in Bayern 3,5 Prozent des Kaufpreises. Das Steueraufkommen beträgt aktuell etwa 16 Milliarden Euro. Auch hier könnte man meinen, dass die Steuer einfach zu erheben ist und sich kein Käufer der Steuerpflicht entziehen kann. Aber weit gefehlt: Wird anstelle der Immobilie eine Firma oder Anteile an einer Firma verkauft, dann wird für den Käufer keine Steuer erhoben, solange die verkauften Anteile bis zu 94,9 Prozent betragen. Für Immobiliengesellschaften, die groß investieren, ein steuerliches Schlaraffenland. Dank dieser 5-Prozent-Grenze bleiben Investitionen in den Immobilienmarkt für institutionelle Anleger praktisch steuerfrei. Man geht davon aus, dass 31 Prozent der Transaktionen mit einem Volumen von über 25 Milliarden Euro dem Fiskus entgehen.

Die Grunderwerbsteuer wird damit zu einer Steuer für die Mittelschicht, die sich eine Immobilie leisten kann. Begünstigt sind wiederum die Käufer, die in den wohlhabenden Südländern wie Bayern und Baden-Württemberg investieren und nur 3,5 Prozent Steuern auf den Immobilienerwerb zahlen.

Grundsteuer und Grunderwerbsteuer belasten die Wohlhabenden also nur moderat, und Immobilienunternehmen können sich ganz von letzterer drücken. Der ärmere Teil der Bevölkerung besitzt in der Regel kein Grundvermögen. Schlimmer noch: Dieser Bevölkerungsteil ist aber obendrein indirekt von diesen Steuern betroffen, denn Grundsteuer und Grunderwerbsteuer wirken sich über die Mietpreise zu Lasten der Nicht-Wohlhabenden aus. Immobilien werden gern als »Betongeld« bezeichnet. Kaum eine Investition war in den letzten Jahren lukrativer, und zum Steuersparen eignen sie sich hervorragend. Ähnlich lukrativ waren nur Investitionen in den Kapitalmarkt, den wir im Folgenden betrachten werden.

5. Einkünfte aus Kapitalvermögen

5. Einkünfte aus Kapitalvermögen – niedrige Steuern für die Wohlhabenden

Zu den Einkünften aus Kapitalvermögen zählen Zinsen, Dividenden, Erträge aus Kapitalversicherungen, Veräußerungsgewinne von Investmentfondsanteilen und Aktiengeschäften, Gewinne aus Termingeschäften etc. Nicht dazu zählen Spekulationsgewinne, die aus Investitionen in Kryptowährungen wie Bitcoin und anderen. Diese Gewinne zählen zu den sonstigen Einkünften nach § 23 Abs. 1 Nr. 2 EStG und sind nach Ablauf einer Spekulationsfrist von einem Jahr steuerfrei. Dies ist völlig unverständlich, denn gerade so mancher Wohlhabender ist in den letzten Jahren dadurch reich geworden.

25 Prozent – mehr braucht es nicht

Die Versteuerung der Kapitaleinkünfte, wie wir sie seit ca. drei Jahrzehnten haben, ist im Wesentlichen auf die »Flüchtigkeit« des Kapitals zurückzuführen. Wenn wir uns dieses – eigentlich einfache System – näher anschauen, dann werden wir sehen, dass man dabei nicht einmal die sprichwörtliche Kreativität braucht, um kräftig Steuern zu sparen. Steuersparen ist hier im System eingebaut. Beim Kapitalvermögen macht das deutsche Steuerrecht einen eklatanten Unterschied zu den anderen Einkunftsarten. Einkünfte aus Kapitalvermögen werden niedriger versteuert als die anderen sechs Einkunftsarten, nämlich pauschal mit nur 25 Prozent, zuzüglich des Solidaritätszuschlages. Diese Besteuerung läuft unter dem Namen Kapitalertragsteuer, weil ja nur die Erträge und nicht das Kapital selbst besteuert wird. Die Kapitalertragsteuer wird auch Abgeltungsteuer genannt, weil in den allermeisten Fällen diese Steuer schon von den Banken und Depotverwaltern abgezogen und an die Finanzverwaltung abgeführt wird. Daher stellt die Abgeltungssteuer auch eine sogenannte Quellensteuer dar. Steuerpflichtige brauchen deshalb auch ihre diesbezüglichen Einkünfte auch nicht in dem Formular »Anlage KAP« aufführen. Lediglich wenn Zinseinkünfte aus privaten Geschäften vorliegen oder der Sparerfreibetrag nicht ausgeschöpft wurde, muss eine eigenständige Erklärung abgegeben werden.
Diese Steuer ist zwar dem Steuersatz nach für alle gleich, faktisch profitieren davon wiederum nur die Wohlhabenden, denn mehr als die Hälfte der Deutschen haben schlicht keine Kapitalvermögen, aus dem sie Erträge erzielen könnten. Sogar die mittleren Einkommen werden durch die Lohnsteuer höher

belastet als die Bezieher von Kapitaleinkünften. Wer beispielsweise als Alleinstehender im Jahr 2020 60.000 Euro an Lohneinkünften zu versteuern hatte, der musste (inkl. Solidaritätszuschlag) 17.139 an das Finanzamt abgeben. Wer dagegen 60.000 Euro an Zinsen oder Dividenden einnahm, musste nur 15.825 Euro bezahlen. Bei einem durchgängigen Grenzsteuersatz von 42 oder 45 Prozent ist der Unterschied noch größer, denn die Besteuerung der Kapitaleinkünfte bleibt stets bei den linearen 25 Prozent.

Dies war nicht immer so. Vor dem Jahr 1993 herrschten für Sparer und Anleger in Deutschland paradiesische (Steuer)Zustände. Die Zinsen waren hoch und um deren Versteuerung kümmerte sich praktisch niemand. Die Banken mussten gegenüber den Finanzämtern keine Angaben über die Höhe der Kapitalerträge ihrer Kunden machen. Das Bankgeheimnis machte dies möglich. Wer dennoch dem Frieden nicht traute, eröffnete in Luxemburg oder in Österreich ein Konto oder ein Depot. Zwar unterlagen die dort erzielten Zinsen und Dividenden wegen des »Welteinkommensprinzips« der deutschen Einkommensteuer, wurden aber meistens in der Steuererklärung nicht angegeben. Weil dem Fiskus so Milliarden an Steuereinnahmen entgingen, entschloss man sich, wenigsten für die inländischen Zuflüsse eine sogenannte Zinsabschlagsteuer einzuführen. Sie betrug für Zinsen 30 Prozent, für Tafelgeschäfte 35 und für Dividenden 20 Prozent. Die bezahlte Zinsabschlagsteuer wurde von den Banken einbehalten und konnte dann in der Einkommensteuererklärung individuell angerechnet werden. Insgesamt blieb es aber bei einer Besteuerung mit dem progressiv ansteigenden Tarif. Der massiven Kapitalflucht ins Ausland konnte damit aber nicht Einhalt geboten werden. Nach Schätzungen er Deutschen Bundesbank hatten die Deutschen im Jahr 2020 ca. 2.000 Milliarden Euro im Ausland angelegt. Ob es sich dabei um versteuertes Geld, Erbschaften oder um Schwarzgeld handelt, ist nicht bekannt. Der unversteuerte Teil des ausländischen Kapitalvermögens wird auf bis zu 80 Prozent geschätzt. Die beliebtesten Zufluchtsländer waren und sind Liechtenstein, Österreich, die Schweiz und Luxemburg, nicht nur wegen der geringen Entfernung, sondern weil dort nur sehr geringe Vermögens-, Einkommen- und Ertragsteuern erhoben wurden und die dortigen Bankgeheimnisse eine weitgehende Anonymität zusicherten. Erst in jüngster Zeit ist diese Anonymität durch eine EU-weites Meldesystem in Frage gestellt.

Dass im Jahr 2009 dann die jetzige Abgeltungsteuer eingeführt wurde, ist in erster Linie eine Reaktion auf die ungebrochene Kapitalflucht. Der damalige Finanzminister Peer Steinbrück brachte es auf den Punkt: »Lieber 25 Prozent von x als 42 Prozent von nix.« In zweiter Linie geht es um eine Verwaltungsver-

einfachung, aber im Endeffekt stellt die Abgeltungssteuer eine Privilegierung der Kapitalbesitzer, also der Wohlhabenden dar. Die 25-prozentige Abgeltungssteuer gilt aber nur für Kapitalerträge auf inländischen Konten und Depots. Steuerausfällen durch Kapitalflucht kann dadurch nicht begegnet werden. Dies geht nur durch eine internationale Steuerharmonisierung. Deutschland war bei den zaghaften europäischen Bemühungen dafür nie die treibende Kraft. Besser geholfen hat der Ankauf von sogenannten »Steuer-CDs«, die die nordrhein-westfälischen Steuerbehörden von bankinternen Whistleblowern aus Luxemburg und der Schweiz erworben hatten. Der damalige Finanzminister in Nordrhein-Westfalen, Norbert Walter-Johanns, wurde dann auch prompt von Seiten der CSU der Steuerhehlerei bezichtigt. Nicht weil dies ein Strafrechtstatbestand wäre, was inzwischen höchstrichterlich entschieden nicht der Fall ist, sondern weil die CSU ihre wohlhabende Klientel schützen wollte.
Auch das Steuerstrafverfahren gegen den damaligen Chef der Postbank, Klaus Zumwinkel, geht auf eine Steuer-CD aus Liechtenstein zurück. Zumwinkel hatte in den Jahren 2002 bis 2006 eine knappe Million Euro dank einer Stiftung aus dem Fürstentum hinterziehen können. Etwas anders gelagert liegt der Fall Uli Hoeneß. Der Fußballmanager spekulierte von2001 bis 2006 im großen Stil an der Börse, ohne die Erträge daraus weder in Deutschland noch in der Schweiz zu versteuern. Gestanden hat Hoeneß einen Hinterziehungsbetrag von 18,5 Millionen Euro. Das Finanzamt wies ihm jedoch einen Betrag in Höhe von 28,5 Millionen Euro nach. Hoeneß wurde in einem Aufsehen erregenden Prozess zu dreieinhalb Jahren Gefängnis verurteilt. Nicht wenige deutsche Steuerpflichtige gaben daraufhin ihre Geldanlagen im europäischen Ausland auf – auch weil ihnen die strafbefreiende Selbstanzeige (dazu später) die Rückholung erleichterte. Für Hoeneß kam dessen Selbstanzeige wohl zu spät.
Nun könnte man meinen, dass die Abgeltungssteuer nicht nur einfach zu handhaben wäre und vor allem keine Gestaltungsspielräume für unsere cleveren Großschmidts eröffnen würde. Aber weit gefehlt. Beliebt sind in diesem Rahmen Kreditverträge zwischen Angehörigen, also Ehegatten und Geschwistern. Das geht so: Eine Ehefrau leiht ihrem Ehemann eine nicht unbeträchtliche Summe für dessen Gewerbebetrieb oder für einen Immobilienerwerb. Dort stellen die Zinsen aus dem Kreditgeschäft entweder Betriebsausgaben oder Werbungskosten dar. Die Ehefrau muss die Zinsen natürlich versteuern, aber nur mit dem 25-prozentigen Abgeltungssteuersatz, wie der Bundesfinanzhof jüngst in einem Urteil bestätigte. Zudem kam die Ehefrau in den Genuss des

Sparerfreibetrages in Höhe von 800 Euro, der Übrigens ab 2023 auf 1.200 Euro erhöht wird. Dass der Kreditvertrag, um steuerlich wirksam zu sein, wie unter Fremden geschlossen sein muss, versteht sich von selbst. Ein versierter Steuerberater wird dabei helfen. Natürlich kann das Steuerberaterhonorar von der Einkommensteuer abgesetzt werden – nicht bei der Ehefrau von Herrn Großschmidt, weil es bei der Abgeltungssteuer keinen Werbungskostenabzug gibt – sondern beim Ehemann, denn der wurde ja wegen der Kreditaufnahme beraten. Eine andere Variante des Steuersparens bei den Kapitaleinkünften geht so: Man überträgt (schenkt) seinen Kindern beträchtliche Vermögensanteile, zum Beispiel ein Aktiendepot oder einen größeren Festgeldbetrag. Die Schenkung ist im Rahmen der Freibeträge – 400.000 Euro pro Kind – schenkungssteuerfrei und die Erträge daraus unterliegen für die Kinder zwar der Abgeltungssteuer. Diese wird vom Finanzamt auf Antrag wieder erstattet, solange die die Einkünfte der Kinder den Grundfreibetrag von 10.908 Euro pro Kind nicht übersteigen. Dazu bekommt das Kind beschenkte Kind auch noch den Sparerfreibetrag. In unserem Beispiel haben sich die Kinder die spätere Erbschaftssteuer gespart und unser Ehepaar hat sich bei zwei Kindern mindestens 6.000 Euro an Abgeltungssteuer gespart – und das auf Jahre hinaus. Dazu gibt es noch die Kinderfreibeträge, weil hier das eigene Einkommen der Kinder nicht zählt.

Der eigentlich für Kleinsparer gedachte – und rhetorisch immer dafür erwähnte – Sparerfreibetrag in Höhe von 1.200 Euro begünstigt nur die Wohlhabenden. Der ärmeren Bevölkerung hilft er überhaupt nicht, denn diese können meistens nicht mal einen Cent sparen. Haben tatsächlich einmal ein paar Kleinsparer einige hundert Euro an Zinsen erhalten, so kommt ihnen dieser Freibetrag nur theoretisch zugute. Der auszuzahlenden Bank müsste nämlich ein »Freistellungsauftrag« erteilt worden sein, um die Abgeltungssteuer zu entgehen. Viele unsere Kleinsparer haben einen solchen nicht abgegeben oder nicht in ausreichender Höhe. Zwar könnte dies in der eingereichten Steuererklärung im Wege der sogenannten Günstigerprüfung nachgeholt werden, von der die meisten Steuerpflichtigen aber nichts wissen, wenn sie denn überhaupt eine Steuererklärung abgeben.

Übrigens: Ausschüttungen einer Kapitalgesellschaft unterliegen ebenfalls der 25-prozentigen Abgeltungssteuer. Wenn Herr Großschmidt Geschäftsführer einer GmbH ist, dann unterliegt sein wahrscheinlich nicht unbeträchtliches Geschäftsführergehalt der tariflichen Progression mit einem bei ihm erreichten Grenzsteuersatz von 42 Prozent. Geht er teilweise den Weg über eine Gewinnausschüttung, so zahlt er nur 25 Prozent darauf. Hat Herr Großschmidt

noch Aktien im Depot, die er vor 2005 angeschafft hat, so profitiert er von einer Übergangsregelung. Falls er diese Aktien mit Gewinn nach mindestens einem Jahr verkauft, so ist der gesamte Spekulationsertrag steuerfrei.
Weil die Abgeltungssteuer anonymisiert an die Finanzämter weitergeleitet wird, fehlen auch genaue Informationen über die Verteilung und Zusammensetzung der Einkünfte aus Kapitalvermögen. Nach Schätzungen des Deutschen Instituts für Wirtschaftsforschung versteuern die Superreichsten 0,1 Prozent – das sind etwa 40.000 Haushalte – nur zu einem geringen Teil ihre Einkünfte mit dem Reichensteuersatz von 45 Prozent. 82 Prozent ihres Einkommens unterliegen der Pauschalversteuerung von 25 Prozent. Das heißt, sie haben einen weit geringeren Steuersatz als gut verdienende Arbeitnehmer. Zu solchen Profiteuren zählt zum Beispiel die Familie Quandt, die einen Großteil der BMW-Aktien geerbt hat. Susanne Klatten, die Tochter des BMW-Großaktionärs Hebert Quandt, soll ein Jahreseinkommen von über 2 Millionen Euro haben. Der Großteil besteht aus Dividenden, die mit 25 Prozent besteuert werden. Bei den nächsten 360.000 Haushalten, also den sehr Wohlhabenden machen die Unternehmens- und Kapitaleinkommen immerhin noch 42,5 Prozent des Gesamteinkommens aus. Man könnte auch sagen: Je höher das Einkommen, desto niedriger der Gesamteinkommensteuersatz. Das in Deutschland vielbeschworene »Leistung muss sich wieder lohnen« wird ins Gegenteil verkehrt. Nicht arbeiten wird belohnt, sondern derjenige, der sein Geld »arbeiten« lässt.
Die dargestellten Möglichkeiten bei den Einkünften aus Kapitalvermögen Steuern zu sparen sind bis auf die zwei Hinterziehungsbeispiele vollkommen legal, auch wenn manche Gestaltungskonstruktionen nach etwas anrüchigen Umgehungsstrategien klingen. Doch es geht auch kriminell, wenn nicht sogar großkriminell.

DER CUM-EX-SKANDAL – STEUERERSTATTUNGEN FÜR NIX

Den bisher größten Steuerskandal der Bundesrepublik gibt es nur wegen der Kapitalertragsteuer und des so einfachen Abzugs- und Anrechnungsverfahrens. Eigentlich geht es um zwei verwandte Steuertricksereien im großen Stil: Cum/Ex und Cum/Cum. Bei Cum-Ex-Deals handelt es sich um Aktienhandelsgeschäfte, bei denen sich natürliche Personen, Banken oder Firmen mehrmals die Kapitalertragsteuer erstatten ließen. Wie wir gesehen haben, sind Dividenden aus Aktien einkommensteuerpflichtig. Das lateinische »cum«

bedeutet »mit« und das lateinische »ex« steht für »ohne« – hier für Aktien mit oder ohne Dividendenanspruch. Die kriminelle Handlung geht so: Kurz vor der Dividendenausschüttung einer Aktiengesellschaft werden Aktien verkauft, die man gar nicht besitzt, sondern die man sich »ausgeliehen« hat, sogenannte Leerverkäufe. Wenn nun die Dividende ausgeschüttet wird, muss die 25-prozentige Kapitalertragsteuer an das zuständige Finanzamt abgeführt werden. Der fiktive Inhaber der Aktien, unser Herr Superdreist, erhält dafür eine Steuerbescheinigung. Einen Tag später werden die Aktien weiterverkauft oder weiterverliehen, und wieder wird eine Steuerbescheinigung ausgestellt, diesmal aber keine Steuer abgeführt. Die Aktien wurden teilweise mehrmals hin und her geschoben, und die Aktienbesitzer ließen sich jeweils die Kapitalertragsteuer erstatten. Von den Finanzämtern konnten die Transfers und die Erstattungen nicht mehr zugerechnet werden, weil jeweils andere Wohnsitz- oder Firmensitzfinanzämter zuständig waren und eine digitale Vernetzung schon aus Gründen des Finanzföderalismus bis heute nicht besteht. So ging es über Jahre. Bei den Cum-Ex-Geschäften wurden Aktien ausländischer Anteilseigner zeitlich befristet über den Dividendenstichtag hinaus von ausländischen Anteilseignern an inländische Gesellschaften, meist Banken, verkauft oder verliehen, um die gesetzliche Dividendenbesteuerung durch Erhebung der Kapitalertragsteuer zu umgehen.

Die beteiligten Banken handelten teilweise im eigenen Namen, wenn sie Aktien oder Optionen darauf besaßen. In vielen Fällen waren die Banken nur über die üblichen Provisionen Nutznießer der kriminellen Deals, indem sie die Finanztransaktionen vorfinanzierten. Als die Finanzbehörden von diesen Machenschaften Wind bekamen, beriefen sich die Nutznießer auf für ihre Zwecke interpretierbare gesetzliche Vorschriften. Mittlerweile wurde höchstrichterlich entschieden, dass das »Dividendenstripping« einen Missbrauch steuerlicher Gestaltungsmöglichkeiten (§ 42 der Abgabenordnung) darstellt. Von 2001 bis 2011 wurden nach Schätzungen des *Netzwerkes Steuergerechtigkeit* ca. 30 Milliarden Euro, für Deutschland allein 10 Milliarden, an Kapitalertragsteuern hinterzogen. Beteiligt waren namhafte Großbanken wie die Deutsche Bank und die HypoVereinsbank. Sogar die landeseigene WestLB war in das Dividendenstripping verstrickt. Man könnte dazu sagen: Steuerbetrug durch den Staat selbst. Nur in einer gesellschaftlichen Stimmung, in der Steuern zahlen als etwas Schlechtes gilt und sich jedermann am Steuertopf bedienen darf, kann ein solches Verhalten gedeihen. Auch die Hamburger Warburg-Bank war beteiligt. Nach einem Bericht der Tagesschau wurden der Bank nach Intervention beim damaligen Ersten Bürgermeister der Hanse-

stadt 47 Millionen an Steuerrückforderungen aus den Cum-Ex-Geschäften erlassen.
Bemerkenswert ist die kriminelle Energie von Steuerberatern, Anwälten und Banken, die hinter solchen Geschäften steckt. Als »Erfinder« gilt der frühere hessische Finanzbeamte und Steueranwalt Hanno Berger, der sich, um der deutschen Strafverfolgung zu entgehen, schon 2012 in die Schweiz abgesetzt hatte. Die Millionen, die er mit den Steuerdeals »verdient« hat, hatte er mutmaßlich schon vorher dorthin transferiert. Berger war es auch, der nach der Anklageschrift des Bonner Landgerichts die Cum-Ex-Geschäfte für vermögende Privatpersonen anpries und damit die Aktiendeals massiv ausweitete. Zuvor war diese Abzocke fast nur von Banken betrieben worden. Nach Berichten der *Süddeutschen Zeitung* soll die – allein von Berger – hinterzogene Einkommensteuer 392 Millionen Euro betragen. Selbst mehrere prominente Rechtsanwälte konnten seine Auslieferung an die deutschen Behörden nicht verhindern. Im Februar 2022 hat ein Schweizer Bundesgericht dem Auslieferungsbegehren der Deutschen stattgegeben. Im Dezember 2022 wurde Berger vom Landgericht Bonn zu acht Jahren Gefängnis verurteilt. Mittlerweile sind einige der Cum-Ex-Profiteure schon rechtskräftig verurteilt, zum Teil mit einem kräftigen Strafbonus im Sinne der Kronzeugenregelung. Ein weiterer Drahtzieher beim Dividendenstripping, Paul Mora, wird mit einem internationalen Haftbefehl gesucht. Mittlerweile wird gegen ca. 1.000 Beschuldigte ermittelt.
Die Versteuerung von Kapitaleinkünften und Gewinnen wird im Zeitalter der Globalisierung immer schwieriger. Der freie Kapitalverkehr und die Niederlassungsfreiheit stellen sogar die tragenden Säulen der Europäischen Union dar. Dabei wurde aber in erster Linie an echte Investitionen gedacht, also an Produktionsstätten und anderen Niederlassungen. Beim Kapitalverkehr haben wir gesehen, dass neben wirtschaftlich notwendigen Kapitalflüssen insbesondere steuerliche Gründe hinter den Transaktionen stehen. Bei den grenzüberschreitenden Unternehmen ist es mittlerweile ähnlich. Die unterschiedlichen Steuersätze bei den Ertragsteuern haben zu einem regelrechten Wettbewerb, wenn nicht sogar zu einem Steuerdumping geführt.

6. Die Tricks der Konzerne

6. DIE TRICKS DER KONZERNE – VERSCHIEBEN ODER GLEICH HINTERZIEHEN

Im großen Stil können nur die »Großen« die inländischen Steuern umgehen. Das sind besonders die international aufgestellten Konzerne. Diese sind praktisch in allen wirtschaftlich relevanten Staaten vertreten. Das Geschäftsmodell besteht nicht etwa darin, überall Betriebsstätten und Handelsniederlassungen zu haben, sondern darin, sich das internationale Steuergefälle zu Nutze zu machen. Trotz aller Anstrengungen der OECD, der Organisation für wirtschaftliche Zusammenarbeit, gibt es keine internationale Steuerharmonisierung, nicht einmal in der Europäischen Union – ein Kardinalfehler in den Europäischen Verträgen, die zwar die (unternehmerische) Niederlassungsfreiheit und die Freiheit des Kapitalverkehrs ermöglichen, aber die Steuerhoheit bei den Mitgliedsstaaten belassen. Daher können sich die Konzerne dort niederlassen oder den Hauptsitz ihrer Konzerntöchter einrichten, wo die Steuersätze – vor allem solche auf Gewinne – niedrig sind. Dabei kommt es nicht darauf an, wo die Umsätze getätigt werden oder sich die Produktionsanlagen befinden, sondern darauf, wo der Konzern (oder dessen Tochtergesellschaften) seinen Sitz hat. Mittlerweile gibt es einen regelrechten Wettbewerb von Niederlassungsländern, die sich um die Gunst der internationalen Konzerne bewerben. Und dies ist vollkommen legal. Parallel dazu hat sich ein neuer Dienstleistungszweig in Sachen internationaler Steuervermeidung entwickelt. Es sind die weltweit agierenden Beratungsfirmen und Steueroptimierungsgesellschaften wie PWC (PriceWaterhouseCoopers), KPMG, EY (Ernst & Young) und Deloitte – zu denen noch einiges zu sagen sein wird – die diverse Steuerverschiebungsmodelle erfunden haben und immer wieder optimieren.

DIE WELT DER KOSTENVERRECHNUNGEN

Das Hauptmuster der Steuerverschiebungen funktioniert so: Weltweit tätige Firmen verrechnen konzerninterne Leistungen und Produkte so, dass die Kosten in Ländern mit hohen Steuersätzen anfallen und die Gewinne in Ländern mit niedrigen oder teilweise gar keinen Ertragsteuern. Niedrigsteuerländer in Europa sind etwa Irland, Luxemburg und die Niederlande. Luxemburg und die Niederlande sind deshalb so beliebt, weil sie ein besonders Steuerrecht für geistiges Eigentum haben. In Luxemburg werden Gewinne, die aus Patenten, Marken und Urheberrechten stammen, nur mit einem Satz von 5,7 Prozent besteuert. In den Niederlanden sind Einnahmen aus Lizenzgebühren komplett steuerfrei. Deswegen werden in diesen Ländern viele Niederlassungen, oftmals auch nur Briefkastenfirmen, gegründet und die Gewinne dorthin abgeführt. Die Gebühren, Markenrechte usw. stellen aber in den Ländern, in denen produziert oder verkauft wird, Betriebsausgaben dar und mindern die Gewinne entsprechend. Gleiches geschieht mit Zinsen, die eine Holding aus einem »Niedrigsteuerland« seinem Tochterunternehmen in einem »Hochsteuerland« wie Deutschland oder Frankreich mit Unternehmensteuersätzen von 30 bzw. 29 Prozent in Rechnung stellt. Die Zinsen müssen nur marktüblich sein, und die Steuersätze müssen für inländische und ausländische Firmen gleich sein. Genauso verfuhr die die internationale Café-Kette Starbucks über ihre niederländische Tochterfirma. Da Lizenzgebühren bis zu sechs Prozent des Umsatzes ausmachen können, ergibt sich ein riesiges Potential, um Gewinne zu schmälern oder gar Verluste auszuweisen. Auch überhöhte Einkaufspreise für Kaffee, der aus der Schweiz bezogen wird, drücken die Gewinne in Deutschland oder Großbritannien. Die mehr als 700 Starbucks-Läden im Vereinigten Königreich haben sich dadurch bis 2013 sämtliche Gewinnsteuern gespart – und das bei einem Umsatz von ca. einer halben Milliarde Euro. Wie hoch die Auswirkungen der Steuerverschiebungen von Starbucks in Deutschland zu beziffern sind, weiß niemand. Das deutsche Steuergeheimnis schützt selbstverständlich auch Großkonzerne.

Ähnlich verfährt der weltweit größte Versandhändler Amazon. Amazon erzielte 2020 in Europa einen Rekordumsatz von 44 Milliarden Euro, zahlte jedoch in diesem Jahr keine Ertragsteuern. Auch die Steuervermeidungsstrategie von Amazon beruht auf Gewinnverschiebungen und Verlustverrechnungen. 75 Prozent seines internationalen Geschäfts werden im Niedrigsteuerland Luxemburg abgewickelt. Die Strategie des Hightech-Konzerns Apple geht in die gleiche Richtung. Über seine Tochterfirmen wickelt Apple einen Großteil seiner europäischen Geschäfte in Irland ab. Dort wird zwar auch produziert, aber der Standort Irland dient vor allem der Steuervermeidung. Wenngleich Irland nominell einen Körperschaftsteuersatz von 12,5 Prozent hat, gilt für multinationale Konzerne dort eine effektiver Steuersatz 2,2 bis 4,5 Prozent auf Gewinne, die über Irlands globales Netzwerk bilateraler Steuerabkommen nach Irland »verrechnet« werden können. Nach Recherchen des *Tax Justice Network* bezahlte Apple im Jahr 2011 1,8 Prozent Steuern auf die gesamten außerhalb der USA erwirtschafteten Gewinne. Dabei erwirtschafteten die irischen Töchter von Apple in diesem Jahr 64 Prozent des gesamten Konzerngewinns, obwohl aus Irland nur 1 Prozent des Umsatzes stammte und nur 4 Prozent der weltweiten Angestellten dort tätig waren. 2014 hat Apple am Standort Irland unter 0,1 Prozent Steuern auf seine Erträge bezahlt. Daraufhin ging die EU-Kommission gegen Irland vor und verlangte eine Nachzahlung von 14 Milliarden Euro – wohlgemerkt von Irland und nicht von Apple. Irland weigerte sich, denn es wollte seinen »Standortvorteil« nicht verlieren. Die Klage der EU-Kommission wurde vom Europäischen Gerichtshof mit der Begründung abgewiesen, dass Irland der Firma Apple keine Sonderbehandlung habe angedeihen lassen. Das heißt im Umkehrschluss, dass Irland allen internationalen Konzernen riesige Steuergeschenke macht.

Ähnlich agiert der ebenso international aufgestellte Süßwarenkonzern Ferrero, der die Marken Nutella, Raffaelo und Mon Cherie vertreibt. Er betreibt im hessischen Allendorf eine Produktionsstätte, und seine Middle and Eastern Europe GmbH hat ihren Sitz in Frankfurt. Der Mutterkonzern sitzt in Luxemburg und gewährt seiner deutschen Tochter-GmbH hohe Kredite, für die im Jahr 2012 80 Millionen Euro an Zinsen fällig waren. Selbstverständlich verringern diese Zinszahlungen den Gewinn in Deutschland. Der in Luxemburg aufgelaufene Gewinn in Höhe von 700 Millionen Euro führte dort zu keiner Steuerzahlung.

Ein ähnliches Geschäftsmodell betreibt die Firma Blackstone, die in Berlin nach Schätzungen über 3.000 Immobilien im Wert von ca. 4 Milliarden Euro besitzt. Nach Angaben des *Tagesspiegels* kennt der Berliner Senat nicht die genaue Anzahl, weil diverse Tochterfirmen von Blackstone auf dem Wohnungsmarkt agieren. Durch übertriebene Zinszahlungen und Abgaben an die Muttergesellschaft in Luxemburg werden in Deutschland meist Verluste ausgewiesen und die Gewinne minimal in Luxemburg versteuert, bzw. über die Blackstone Property Ass. Europe in die Cayman Islands oder über die Blackstone Property International nach Delaware weiter verschoben. Blackstone hat auch im Jahr 2004 9.500 Wohnungen der ehemaligen Kieler Wohnungsbaugesellschaft übernommen. Wie wir gesehen haben, brauchen Wohnungsgesellschaften wie Blackstone dafür keine Grunderwerbsteuer bezahlen. Die Firmenstrategie geht folgendermaßen: Investieren in einen steigenden Immobilienmarkt, danach rasche Mieterhöhungen, und das alles verbunden mit einem ausgeklügelten Steuerverschiebungsmodell! Dieses Geschäftsgebaren veranlasste 2005 den damaligen SPD-Vorsitzenden Franz Müntefering, von »Heuschrecken«-Methoden zu sprechen. Diesen Vorwurf konterte der CEO von Blackstone, Stephen Schwarzmann, so, dass seine

Firma ja eine »gute« Hauschrecke sei, denn seine Firma kaufe nichtprofitable Firmen auf und mache sie zu profitablen. Schwarzmann bezog allein im Jahr 2008 702 Million Dollar von seiner Firma. Immerhin eine Bestätigung für äußerst profitable Geschäfte. Übrigens: Stephen Schwarzmann gilt als enger Vertrauter von Ex-Präsident Donald Trump und als Großspender für die republikanische Partei.
Wie wir bereits gesehen haben, sind die Vereinigten Staaten von Amerika an dem internationalen Steuerunterbietungswettbewerb beteiligt. Durch den ab 2017 geltenden »Cuts and Jobs Act« können amerikanische Konzerne die in Europa erwirtschafteten Gewinne in Steueroasen ihres Heimatlandes verlagern. Eine solch beliebte Oase stellt neben Nevada der Bundesstaat Delaware, der Heimatstaat des amerikanischen Präsidenten Jo Biden, dar. Weil für außerhalb Delawares erwirtschaftete Gewinne keine Steuer erhoben wird, zieht der Ostküstenstaat mit seinem äußerst liberalen Steuerrecht große Firmen magisch an. 60 Prozente der umsatzstärksten amerikanischen Konzerne haben dort ihren juristischen Firmensitz. Der Bundesstaat mit 960 000 Einwohnern beherbergt mehr als 600.000 – auch europäische – Unternehmen. Eine Niederlassung, besser gesagt einen Schreibtisch in einem Großraumbüro oder gar nur einen Briefkasten haben dort auch Daimler und Volkswagen. Eine besondere unternehmerische Tätigkeit braucht dort nicht ausgeübt zu werden.
Wer nun vermuten würde, dass sich Deutschland am internationalen Steuerdumping nicht beteiligt, liegt leider falsch. Das Paradebeispiel dafür ist die sogenannte Tonnagenbesteuerung. Sie wurde 1998 eingeführt, um die deutschen Reedereien wettbewerbsfähig zu machen. Eigentlich müsste es Tonnagengewinnermittlung heißen. Hier bildet nicht der Gewinn die Bemessungsgrundlage, sondern die Größe der Schiffe ist der Maßstab der Besteuerung. Es handelt sich somit um eine Art Pauschalbesteuerung. So bezahlte die Reederei Hapag Lloyd im Jahr 2021 bei einem Gewinn von 9,4 Milliarden Euro lediglich eine Ertragsteuer von 61,3 Millionen Euro. Dies entspricht etwa einem Steuersatz von 0,65 Prozent.
Nach der Einschätzung von *Oxfam*, einer global agierenden Entwicklungshilfe-organisation, haben neun von zehn weltweit agierenden Konzernen mindestens eine Tochterfirma in Steueroasen. Durch die Steuervermeidungsstrategien der großen Konzerne gehen allein Entwicklungsländern geschätzte 100 Milliarden US-Doller im Jahr verloren.

DER AUSWEG – INTERNATIONALE STEUERHARMONISIERUNG

Der OECD und der Europäischen Union ist der Steuerunterbietungswettbewerb einiger Länder schon lange ein Dorn im Auge. Aber erst 2016 kam ein »Country-by-Country-Reporting« zustande, bei dem alle beteiligten Länder Auskunft über ihre nationalen und internationalen Steuerregelungen im Hinblick auf die Behandlung globaler Konzerne geben müssen. Neben den wichtigsten Daten wie Umsatz, Gewinn und Kapital müssen auch Geschäftstätigkeiten wie Forschung und Entwicklung, Verwaltung geistigen Eigentums, Erbringung von Dienstleistungen für Dritte und Finanzierungen offengelegt werden. Betroffen sind jedoch nur Konzerne mit einem Jahresumsatz von über 750 Millionen Euro. Das dafür in Deutschland zuständige Zentralamt für Steuern hat aber erst im Sommer 2021 mit seinen Überprüfungen begonnen. Eine konkrete Handhabe gegen die Konzerne besteht jedoch nicht. Allenfalls können diese Informationen Konzernbetriebsprüfungen auslösen. Eine Evaluierung des Meldewesens steht bislang aus.
Später, im Sommer 2022 gelang ein erster, aber auch nur vorläufiger Durchbruch gegen das internationale Steuerdumping. 130 Staaten, darunter alle G-20-Länder, einigten sich auf Betreiben der OECD auf einen Mindestertragssteuersatz von 15 Prozent. Wie schwierig internationale Abkommen zur Steuerharmonisierung sind, zeigt das Beispiel der Europäischen Union. Ungarn stellte sich lange quer und wollte seine Zustimmung zu dem Regelwerk erst dann geben, wenn die EU ihre harte Haltung in der Zurückhaltung von EU-Geldern gegenüber dem südosteuropäischen Staat aufgibt. Dabei geht es gar nicht um Steuerfragen, sondern um Rechtsstaatsfragen und Korruption in Ungarn. Schließlich gab es dann im Dezember 2022 die offizielle ungarische Zustimmung. Damit sind aber die Probleme der ins Auge gefassten Steuerharmonisierung längst nicht beseitigt. Vor allem geht es um die Neuverteilung von Besteuerungsrechten. Denn anders als die Mindeststeuer, die im Mutterland der Konzerne fällig wird, ist die Verteilung bisher völlig unklar. Besonders umstritten ist, ob und wieviel den Ländern zusteht, aus denen die Gewinne kommen. Erst im Laufe des Jahres 2023 will die OECD einen Vertragsentwurf vorlegen. Ob hier dann die einzelnen Mitgliedsstaaten zustimmen werden, ist wieder völlig offen. Die steuerlichen Mindereinnahmen durch die dargestellten Verschiebungspraktiken der globalen Konzerne und das daraus resultierende Steuerdumping wird im Jahr 2019 allein für Europa auf 170 Milliarden Euro geschätzt. Für Deutschland gehen die Schätzungen von 20 Milliarden Euro aus.

Insgesamt muss man konstatieren, dass die internationalen Bemühungen zur Steuerharmonisierung viel zu spät angegangen wurden. Dies gilt vor allem für die Europäische Union, die zwar alle wirtschaftlichen Freiheiten in einem großen Binnenmarkt geschaffen hat, aber es versäumt hat, den Wettbewerb für den niedrigsten Unternehmensteuersatz zu beenden.

Steueroasen und Steuerkriminalität

Die bisher genannten Beispiele haben mindestens eines gezeigt: Die beteiligten Firmen und Staaten haben sich alle legal verhalten. »Legal« bedeutet, dass Staaten und internationale Organisationen Abkommen geschlossen, Gesetze und Durchführungsbestimmungen erlassen haben, um steuerpflichtige Tatbestände zu normieren, Steuersätze festzulegen und Steuererhebungsverfahren zu etablieren. Und eben auch Gestaltungsmöglichkeiten – vor allem des Gesellschaftsrechts – zuzulassen. Trotz der so zustande gekommenen Begünstigungen für Konzerne, Wohlhabende, Reiche und Superreiche werden Steuern in Milliardenhöhe hinterzogen, wird illegale Geldwäsche betrieben und eine Reihe von weiteren kriminellen Handlungen rund um die Steuer begangen. Es gibt also zwei Ebenen, um die Steuerlast zu drücken. Einmal über die vom Gesetzgeber festgelegten steuerfreien Tatbestände wie Freibeträge, Abschreibungsmöglichkeiten, Bewertungsmodalitäten und sonstigen Begünstigungen. Und zweitens über illegale Handlungen oder Unterlassungen, die zu einer Steuerverkürzung führen. Die Abgabenordung definiert in § 370 den Straftatbestand so: »Wer den Finanzbehörden oder anderen Behörden über Tatsachen, die für die Steuererhebung von Relevanz sind, unvollständige oder unrichtige Angaben macht (...) begeht Steuerhinterziehung.« Darunter fallen die unterschiedlichsten Sachverhalte, angefangen vom Nichterfassen von Einnahmen bei Bargeschäften in der Gastronomie oder im Handel bis zur Nichtdeklarierung von Einnahmen im Handwerk oder Haushalt, also Schwarzarbeit. Oft werden Nebeneinkünfte nicht angegeben wie im Fall von Peter Graf, der Werbeeinnahmen seiner prominenten Tochter, des Tennisstars Steffi Graf, in Millionenhöhe dem Finanzamt verschwiegen hatte. Im großen Stil wird Steuerhinterziehung über die Gründung von Scheinfirmen betrieben, die den umsatzsteuerrechtlichen Vorsteuerabzug beantragen, obwohl die Umsätze überhaupt nicht getätigt wurden (sogenannte Umsatzsteuerkartelle). Besonders erfolgreich sind Steuerkriminelle mit Bezug zum Ausland. Manche Staaten tun sich dabei besonders hervor. Dafür hat sich der Begriff einer Steueroase herausgebildet.

Von Steueroasen spricht man dann, wenn Staaten oder Gebiete mit niedrigen oder gar »Null«-Steuersätzen auf Einkommen oder Vermögen internationales Kapital anlocken. Ob es sich dabei um legal erworbenes und versteuertes Kapital handelt, ist unklar. Experten gehen davon aus, dass es sich im großen Stil um Schwarzgeld und Gelder aus illegalen Geschäften wie Drogenhandel und Schmuggel handelt. Auch das Abzweigen von staatlichen Mitteln durch korrupte Politiker und Beamte fällt darunter. Das operative Geschäft wird aber nicht von den »Oasen«-Staaten betrieben, sondern diese Staaten dulden Unternehmen, Banken und Beratungsfirmen, die Steuerflucht als aktives Geschäftsmodell betreiben.

Die ganze Dimension der Kapitalverschiebungen wurde durch diverse Leaks – also illegal weitergegebene Kundendaten – an verschiedene Medien publik. Angefangen hat dies mit den »Offshore-Leaks«, als im Jahr 2013 durch das *Konsortium für investigative Journalisten* die Namen von 130.000 Personen veröffentlicht wurden, die ihr Vermögen in Steueroasen angelegt hatten. Darunter der russische Oligarch Michail Fridman und der ehemalige mongolische Finanzminister. Unter den Namen befanden sich viele Bürger und Firmen aus Deutschland und der Schweiz wie Franz Wolf, der Sohn des ehemaligen Chefs des Auslandgeheimdienstes der DDR, Markus Wolf, und der deutsch-schweizerische Milliardärserbe Gunter Sachs. Offensichtlich wurde auch die Beteiligung von Großbanken wie der Deutschen Bank, der UBS und diversen Rechtsanwaltskanzleien.

2014 gelangten mit den »Luxemburg-Leaks« bisher geheim gehaltene Dokumente an die Öffentlichkeit, die belegen, wie international tätige Unternehmen durch Geschäftsverlagerungen nach Luxemburg ihr Steuerlast teilweise drastisch verringerten. 2016 haben die investigativen Journalisten eine riesige Menge an Daten zugespielt bekommen, die das Geschäftsgebaren der panamaischen Anwaltskanzlei Mossack Fonseca aufdeckten. Die »Panama Papers« ergaben, dass in dem mittelamerikanischen Staat ein Netzwerk von 215.000 Briefkastenfirmen aufgebaut wurde, um die Herkunft und den Fluss von internationalen Kapitalströmen zu verschleiern. Verschleierung ist das wichtigste Betätigungsfeld von Kanzleien wie Mossack Fonseca. Dies geht über Firmengründungen, Holdings und Trusts mit diversen Unterbeteiligungen. Die Kanzleien stellen dann Strohmänner als Geschäftsführer zur Verfügung. Und zum Schluss ist völlig unklar, wer der wirtschaftliche Eigentümer ist. Die beteiligten Banken und Rechtsanwälte kassieren üppige Honorare und Provisionen. 2021 deckte das genannte Journalisten-Konsortium die Verstrickung von 330 Politikern und Amtsträgern aus 91 Ländern in Offshore-Geschäften auf – »Pandora Papers«

genannt. Unter den veröffentlichten Namen war auch der bis vor kurzem noch im Amt befindliche tschechische Ministerpräsident Andrej Babiš, der zusätzlich durch das Abgreifen von Millionen von EU-Subventionen in die Schlagzeilen geriet.
Anfang 2022 wurde durch die »Suisse-Secrets« das Geschäftsgebaren der Schweizer Bank Credit Swiss in Bezug auf diverse Steueroasen bekannt. Transparency International bezeichnet Schweizer Bankgeschäfte als »professionelle Ermöglichung von Finanzverbrechen«. Der bekannte Soziologieprofessor, Autor und ehemalige UN-Mitarbeiter Jean Ziegler stellte schon mit seinem 1990 erschienenen Bestseller »Die Schweiz wäscht weißer« sein Heimatland an den Pranger. Der Finanzplatz Schweiz wird überdies dadurch geschützt, dass allen, die mit geleakten Bankdaten arbeiten, Gefängnisstrafen von bis zu drei Jahren drohen – auch Journalisten.
Welche Länder zu den Steueroasen zählen, wird unterschiedlich interpretiert. Die deutsche Bundesregierung zählte im Jahr 2021 nur noch einig Überseegebiete, nämlich die Cayman Islands, die amerikanischen Virgin Islands, Trinidad und Tobago, den Oman und Samoa zu den Ländern, die sich in Steuerangelegenheiten nicht kooperativ verhielten. Die Liste war vorher noch viel länger. Es scheint so, als ob die Europäische Union Druck auf bestimmte Staaten ausüben konnte. Nach der Einschätzung der Entwicklungshilfeorganisation *Oxfam* gehören jedoch auch die Schweiz, Luxemburg, die Niederlande, Irland, Malta und die britischen Überseegebiete zu den einschlägigen Steueroasen. Die Bundesrepublik hat am 25.01.2021 ein sogenanntes »Steueroasen-Abwehrgesetz« verabschiedet. Es soll Standards in puncto Transparenz und unfairen Steuerwettbewerbs setzen. Als Instrumente sind dabei in bestimmten Fällen ein Abzugsverbot für Betriebsausgaben und eine Quellenbesteuerung vorgesehen. In Kraft getreten ist das Gesetz zum 01.01.2022, für nicht auf der schwarzen Liste stehende Länder erst zum 01.01.2023. Ob das Gesetz wirklich dabei helfen kann, Steueroasen auszutrocknen, bleibt abzuwarten.
Geschäfte in Steueroasen sind nicht per se verboten. Die Verschleierungstaktiken diverser Unternehmen, Banken und Rechtsanwaltskanzleien deuten aber darauf hin, dass den Kapitalströmen sehr oft Geldwäsche, Veruntreuung von Entwicklungsgeldern und nicht versteuerte Einnahmen zugrunde liegen. Die Gelder bzw. die Einkünfte daraus werden dann in den Oasen nicht versteuert. Auch nicht in Deutschland, obwohl hier das »Welteinkommensprinzip« gilt. Der deutsche Fiskus weiß ja in der Regel nichts davon. Mittlerweile haben aber einige Länder, wie etwa die Schweiz, Quellensteuer-

vorschriften erlassen. Dass Steueroasen zur Steuerflucht geradezu einladen, sieht man am Firmenlogo der panamaischen Kanzlei Mossack Fonseca. »Taxes are for poor people«, hieß es da.

Fünf Jahre nach der Veröffentlichung der Panama Papers muss konstatiert werden, dass sich bis auf ein paar zaghafte Versuche nicht sehr viel geändert hat. Nach wie vor liegen zig Milliarden Euro und Dollar in den Oasen. Die Panama Papers werfen auch kein gutes Licht auf die Ermittlungen der deutschen Steuerbehörden. Zwar werden die Hauptakteure, der deutschstämmige Jürgen Mossack und der panamaische Staatsbürger Ramon Fonseca mit einem in Köln ausgestellten internationalen Haftbefehl gesucht, es ist aber unwahrscheinlich, dass sie von Panama ausgeliefert werden. Entscheidend bleibt, was die Bundesrepublik unternimmt, um die Steuerflucht zu verhindern, bzw. was getan wird, um die Steuersünder aufzuspüren. Nach Schätzungen der *Süddeutschen Zeitung* wurden 160 Millionen Euro als Ergebnis der Veröffentlichungen der Panama Papers an Steuermehreinnahmen erzielt. Ob es zu strafrechtlichen Verurteilungen kam oder ob wegen der Möglichkeit von Selbstanzeigen davon abgesehen wurde, ist wegen des Steuergeheimnisses nicht bekannt. In die Öffentlichkeit durchgesickert ist lediglich, dass die Deutsche Bank 15 Millionen Euro an Strafe im Zuge der Panama-Ermittlungen zahlen musste. Für die Deutsche Bank wohl eher Peanuts! Interessant sind auch die Gewinne, die in Steueroasen erzielt werden können. Für die Deutsche Bank waren es – nach Informationen des *European Tax Observatory* – im Zeitraum von 2018 bis 2020 durchschnittlich 21 Prozent, für 2014 bis 2016 sogar 32 Prozent des Gesamtgewinns.

Steuerflüchtlinge

Viele Steuerstraftaten haben einen Bezug zum Ausland. Verbreitet ist die Vorgehensweise von Firmen, Leistungen, die im Inland angefallen sind, über Filialen oder Tochterfirmen im Ausland abzurechnen. Dieser Vorwurf wird etwa der Wirtschafts- und Steuerprüfungsgesellschaft PriceWaterhouseCoopers (PWC) gemacht, auf die noch später Bezug genommen wird. Die Beratungsfirma hatte viele deutsche Mandanten vertreten, die unversteuertes Geld in der Schweiz hatten und durch den Ankauf von Steuer-CDs aufgeflogen waren. PWC soll die in Deutschland angefallenen Leistungen über ihre Dependenzen in der Schweiz abgerechnet haben und sich dabei mehr als elf Millionen Euro an Umsatzsteuer gespart haben, denn im Ausland getätigte Leistungen wären im Inland umsatzsteuerfrei! Jedenfalls wurden im November 2021 mehrere PWC-Niederlassungen und Privatwohnungen von Staatsanwälten und Steuerfahndern durchsucht. Der klassische Auslandsbezug vollzieht sich dagegen über das Verschweigen von Kapitaleinkünften, die in der Schweiz, Liechtenstein, Luxemburg und anderen Staaten »erwirtschaftet« wurden. Teilweise haben inländische Banken mehr oder weniger zu den Kapitaltransfers geraten. Liechtensteins Stiftungsrecht und das Schweizer Bankgeheimnis halfen zur perfekten Verschleierung. Die HypoVereinsbank und die Commerzbank mussten deswegen auch schon Strafen in Millionenhöhe bezahlen. Prominente Beispiele für solche Praktiken bilden die Fälle Uli Hoeneß, Klaus Zumwinkel und Paul Schockemühle. Die aufgedeckten Fälle bilden aber nur die Spitze des Eisbergs. Die deutschen Steuerbehörden wissen wenig darüber, wieviel Geld sich legal oder illegal im Ausland befindet. Noch weniger weiß man über die Höhe der Erträge daraus und um wie viele Steuerpflichtige es sich handelt. Das Bundesfinanzministerium ging im Jahr 2018 davon aus, dass die von den Deutschen allein in die Schweiz verschobene Summe ca. 133 Milliarden Euro betrug, gefolgt von Luxemburg mit ca. 125 Milliarden. Platz eins gebührte jedoch der britischen Insel Jersey. Hier waren es ca. 180 Milliarden Euro. Insider schätzen dabei den Schwarzgeldanteil auf 80 Prozent.

Wer sich der deutschen Steuerpflicht gänzlich entziehen will, der muss seinen Wohnsitz ins Ausland verlagern. Dann ist der oder die Steuerpflichtige nur noch mit seinen oder ihren inländischen Einkünften steuerpflichtig. Diesen Weg gingen die Milliardäre von Finck, Horten und Kühne (vgl. dazu das Kapitel Erbschaftsteuer). Prominente Sportler wie Michael Schumacher oder Franz Beckenbauer entzogen sich ebenfalls der deutschen Steuerpflicht. Letzterem wurde angeblich von Beamten des bayerischen Finanzministeriums geraten, seinen Wohnsitz nach Österreich zu verlegen, wenn er sich der deutschen Steuer legal entziehen möchte. Den Tennisstar Boris Becker zog es in den 80er Jahren des letzten Jahrhunderts gleich in das Niedrigsteuerland Monaco. Pech für ihn war, dass man ihm nachweisen konnte, dass er sich in den Jahren 1991 bis 1993 überwiegend in Deutschland aufhielt. Ausnahmsweise hatten Finanzbeamte seine Wohnung in München-Bogenhausen täglich kontrolliert. Vom Finanzamt München wurden 1,7 Millionen Einkommensteuer als Nachforderung festgesetzt. Becker erhielt dafür eine Bewährungsstrafe von zwei Jahren und musste 300.000 Euro Strafe und zusätzlich 200.000 Euro an karikative Organisationen zahlen.

Einen anderen Weg, um die Steuerflucht zu verhindern, sind die Vereinigten Staaten gegangen. Sie machen nämlich die Steuerpflicht an der Staatsbürgerschaft und nicht am Wohnsitz fest. Nach dem Foreign Account Tax Compliant Act müssen ausländische Finanzinstitute die Namen und Konten der US-Bürger den amerikanischen Finanzbehörden melden. Dadurch ist es den USA sogar – trotz des legendären Schweizer Bankgeheimnisses – gelungen, die Schweiz zur finanzpolitischen Kooperation zu zwingen. Sonst wären den Schweizer Banken Geschäfte in den USA verboten worden. Schwerere Waffen als die Drohung des ehemaligen deutschen Finanzministers Peer Steinbrück, »mit der Kavallerie in die Schweiz einzureiten«!

Festzuhalten bleibt, dass es erst investigativer Journalisten und mutiger Whistleblower bedurfte, um das Thema Steuerflucht und Steuerhinterziehung auf die politische Tagesordnung zu bringen. Der deutsche Gesetzgeber und die Steuerverwaltung waren es jedenfalls nicht, die die zaghaften Schritte – wie die jetzt angestoßene 15-prozentige Mindeststeuer für internationale Großkonzerne – zu mehr Transparenz und internationaler Steuergerechtigkeit auslösten.

7. Die Erbschaftsteuer

7. DIE ERBSCHAFTSTEUER

Die Erbschaftsteuer stellt eine der ältesten Steuern überhaupt dar. Es gab sie schon bei den Sumerern und im alten Ägypten. Im Römischen Reich war sie nach der Grundsteuer die wichtigste Steuer. Seit dem 17. Jahrhundert hielt sie auch Einzug in die deutschen Territorialstaaten. Im Deutschen Reich wurde sie 1906 eingeführt. In der Bundesrepublik wurde das Erbschaft- und Schenkungssteuergesetz mehrfach novelliert. Die jetzt gültige gesetzliche Form erhielt sie 2016. Nachdem die Vermögensteuer seit 1997 ausgesetzt ist, die Gewerbekapitalsteuer abgeschafft und die Grundsteuer verhältnismäßig gering ausfällt, verbleibt die Erbschaftsteuer als die klassische Substanzversteuerung. Besteuert wird der Übergang von Vermögenswerten eines Verstorbenen an seine Erben. Schenkungen werden einer Erbschaft gleichgestellt.
Ein durch eine Erbschaft »unverdient« erlangtes Vermögen widerspricht dem Leistungsprinzip einer modernen Gesellschaft. Daher ist es auch kein Wunder, dass liberale Philosophen wie John Stuart Mill im 19. Jahrhundert die Einführung einer Erbschaftsteuer vehement gefordert haben. Aus republikanischer Sicht können durch die Besteuerung von Erbschaften die dynastischen Machtverhältnisse des Erbadels – heute die von Wirtschaftsdynastien – durchbrochen werden. Aus sozialstaatlicher Sicht spricht das Argument der Chancengleichheit für die Erbschaftbesteuerung.

GERINGES STEUERAUFKOMMEN

Aufgrund dieser Argumente könnte man meinen, dass die Erbschaftsteuer einen bedeutenden Faktor im deutschen Steuersystem darstellen würde. Dies ist aber gerade nicht der Fall. Im Verhältnis zum Gesamtsteueraufkommen liegt sie bei nur 0,85 Prozent und damit unter dem OECD-Durchschnitt. Im Jahr 2010 betrug das Erbschaftsteueraufkommen 4,6 Milliarden Euro, 2015 6,3 Milliarden und 2021 knapp 11 Milliarden Euro. Setzt man die Einnahmen ins Verhältnis zu den vererbten Vermögenswerten, so wird die geringe Besteuerung deutlich. Allerdings weiß man nicht so genau, wie hoch die Vermögenswerte sind, weil die Erbschaftsteuerstatistik nur die Vermögen erfasst, die zu einer Erbschaftsteuer führten. Für 2015 werden die vererbten bzw. geschenkten Vermögenswerte auf ca. 350 Milliarden Euro geschätzt. Für 2022 schätzt man – wegen der stark gestiegenen Börsen- und Immobilienwerte – das leistungslose Transfervolumen auf 450 Milliarden Euro. Damit kommen wir für 2015 auf eine Steuerquote von unter zwei Prozent und für 2021 auf ca. 2,5 Prozent. Ein mittleres Arbeitnehmereinkommen von 50.000 Euro wird dagegen mit einem durchschnittlichen Satz von 20 Prozent versteuert. Vergleicht man das Aufkommen der Tabaksteuer mit dem der Erbschaftsteuer, so war die Steuer auf Rauchwaren im Jahr 2015 mit 14,9 Milliarden Euro fast zweieinhalbmal so hoch wie die Steuer auf Erbschaften und Schenkungen. Damit verbleibt die Erbschaftsteuer im Bereich einer Bagatellsteuer.

Hohe Freibeträge für die nahen Angehörigen

Mehrmals schon musste sich das Bundesverfassungsgericht mit dem Erbschaftsteuer- und Schenkungsteuergesetz, wie es amtlich heißt, befassen. Einmal wurde die ungleiche – nämlich zu niedrige – Besteuerung des Immobilienvermögens moniert und zuletzt (2014) die Ungleichbehandlung des Betriebsvermögens im Verhältnis zu anderen Vermögensbestandteilen beanstandet. Grundsätzlich unterliegen alle Vermögenswerte der Erbschaft- und Schenkungsteuer; auch ausländisches Vermögen fällt darunter. Der Erblasser muss allerdings in Deutschland unbeschränkt steuerpflichtig sein, also seinen Wohnsitz im Inland haben. Bei einem (steuerlich) veranlassten Wegzug bleibt es bei einer auf fünf Jahre bezogenen erweiterten Steuerpflicht. Die Steuerlast haben die Erben oder die Beschenkten zu tragen. Daher geht der manchmal erhobene Vorwurf, dass es durch die Erbschaftsteuer zu Mehrfachbesteuerung käme, fehl. Der Normalfall ist eher der, dass das zu vererbende Vermögen seinerseits bereits – meistens steuerfrei – ererbt wurde.
Wie die meisten personenbezogenen Steuern nimmt auch die Erbschaftsteuer auf soziale, insbesondere verwandtschaftliche Gegebenheiten Rücksicht. Dies drückt sich durch großzügige Freibeträge aus. Für Ehegatten gilt ein Freibetrag in Höhe von 500.000, für Kinder einer von 400.000, für Enkelkinder einer von 200.000 Euro. Für Geschwister und allen anderen Verwandten gibt es nur den allgemeinen Freibetrag in Höhe von 20.000 Euro. Bei den Erbschaften von Kindern ist zu beachten, dass der Freibetrag von 400.000 Euro im Verhältnis zu dem jeweiligen Elternteil gilt. Faktisch gibt es ihn also zweimal, denn ein Kind erbt in der Regel das Vermögen von Vater und Mutter. Schon bei den Kindschaftsverhältnissen eröffnen sich die sprichwörtlichen Gestaltungsspielräume des deutschen Steuerrechts. Kinder können nämlich adoptiert werden – auch schon erwachsene Kinder. Dazu ein Beispiel: Eine

vermögende Tante, Frau Großschmidt, adoptiert ihren Neffen. Das Vermögen der alleinstehenden Tante beträgt 475.000 Euro. Da das adoptierte Kind auch hier den Freibetrag von 400.000 Euro zugerechnet bekommt, muss der Neffe beim Ableben der Tante nur 75.000 Euro versteuern, und zwar mit 15 Prozent, macht 11.250 Euro. Ohne Adoption wären es 30 Prozent von 455.000 Euro, weil dann der allgemeine Freibetrag von 20.000 Euro gilt. Die Steuer würde also 136.500 Euro betragen. Noch viel besser käme der Neffe weg, wenn Frau Großschmidt verheiratet wäre. Dann könnte der Neffe bis zu 800.000 Euro steuerfrei erben oder geschenkt erhalten. Wie viele durch die Erbschaftsteuer motivierten Adoptionen es in Deutschland gibt, ist unbekannt! Wie wir auch später noch sehen werden, ist eine steuerliche Beratung in Erbschaftsteuerangelegenheiten unerlässlich; vor allem muss sie aber vorausschauend erfolgen.

Die zweite soziale Komponente wird über die Erbschaftsteuerklassen bewirkt. Diese variieren nach dem Verwandtschaftsgrad und der Höhe des vererbten Vermögens. Bei Steuerklasse I (Ehegatten und Kinder) beträgt der Steuersatz bis zu 75.000 Euro sieben Prozent, bis 300.000 Euro elf Prozent, bis 600.000 Euro 15 Prozent, bis 6 Millionen Euro 19 Prozent, bis 13 Millionen Euro 27 Prozent und erst bei über 26 Millionen Euro 30 Prozent. Die Steuersätze sind innerhalb der Kernfamilie also recht niedrig gestaltet. Bei Steuerklasse II (Eltern, Geschwister, Nichten, Neffen, Schwiegereltern, geschiedener Ehegatte) beträgt der Steuersatz bis 75.000 Euro 15 Prozent, bis 300.000 Euro 20 Prozent, bis 600.000 Euro 25 Prozent, bis 6 Millionen Euro 30 Prozent, bis 13 Millionen Euro 35 Prozent, bis 26 Millionen Euro 40 Prozent und darüber gleichbleibend 43 Prozent. Bei Steuerklasse III (alle sonstigen Personen) beträgt der Steuersatz bis 13 Millionen 30 Prozent und darüber gleichbleibend 50 Prozent. Auch im erweiterten Familienkreis können sich die Erben daher über moderate Steuersätze freuen. Ein gängiges Familienbeispiel: Ein Erblasser wird von seiner Ehefrau und zwei Kindern beerbt. Der Wert des gemeinsamen Vermögens von Ehemann und Ehefrau beträgt zwei Millionen Euro. Es fällt keine Erbschaftsteuer an, denn zu vererben ist ja nur eine Million, weil die andere Million im Falle der Gütergemeinschaft schon der Ehefrau gehört. Somit übersteigen die Freibeträge der Ehefrau (500.000 Euro) und die der Kinder (jeweils 400.000 Euro) den Wert des Nachlasses des Verstorbenen.

Die Streckung der Erbschaft

Nicht nur wegen der hohen Freibeträge fällt auch auf große Erbschaften oft keine Steuer an. Der Trick dabei ist zeitliche Streckung der Erbmasse. Eigentlich kann man nicht von einem Trick sprechen, denn das Erbschaft- und Schenkungsteuergesetz kennt ganz offiziell eine Zehnjahresfrist, in der Schenkungen steuerlich wie ein Erbfall behandelt werden. Dies bedeutet, dass alle zehn Jahre Vermögensbestandteile innerhalb der Freibeträge steuerfrei in die nächste Generation wandern können. Nehmen wir folgendes Beispiel: Herr und Frau Großschmidt sind schon seit längerer Zeit verheiratet. In einem Alter von 50 Lebensjahren haben sie sich ein beträchtliches Vermögen erarbeitet oder selbst über (steuerfreie) Erbschaften erlangt. Sie können ihren beiden Kindern in den ihnen verbleibenden 30 Jahren – bei einer Lebenserwartung von 80 Jahren – mehrere Millionen Euro steuerfrei übertragen. Um genau zu sein: 4,8 Millionen Euro, denn den Freibetrag für zwei Kinder gibt es dreimal in den 30 Jahren. Und dies in unserem Beispiel doppelt, der Freibetrag von 400.000 Euro bezieht sich auf den jeweiligen Elternteil. Sollten die Eltern älter als 80 Jahre werden und sollte noch weiteres Vermögen vorhanden sein, dann gibt es die Freibeträge im echten Erbfall noch einmal. Dass dabei auch noch einiges an Einkommensteuer aus den Erträgen der Schenkungen gespart werden kann, wurde bei den Kinderfreibeträgen schon erwähnt.

Bei Familie Groß-Großschmidt geht es noch besser! Im erweiterten Familienkreis einer Industriellendynastie macht man sich Gedanken um den gerade geborenen zukünftigen Firmenerben. Zur Geburt erhält der Filius 400.000 Euro jeweils von Vater und Mutter; die Großeltern legen jeweils 200.000 Euro steuerfrei drauf. Zum 10. Geburtstag wiederholt sich das Spiel und zum Abitur mit 20 Jahren noch einmal. Jetzt ist unser junge Mann Multimillionär und hat sein Vermögen sowohl legal als auch steuerfrei erworben. Weil er noch studiert, gibt es für ihn selbstverständlich noch maximal 5 Jahre Kindergeld. Der Zusammenhang zwischen Erbschaftsteuer- und Einkommensteuerersparnis muss natürlich erst durchschaut werden – die steuerberatende Zunft hilft gerne! Nur muss die Beratung früh einsetzen, sonst gehen einige Zehnjahreszeiträume steuerlich ungenutzt durchs Land.

DER OMA IHR HÄUSCHEN

In der aktuellen Erbschaftsteuerdiskussion geht es oft um zu vererbende Immobilien. Von konservativer Seite wird immer wieder auf die eigengenutzte Immobilie verwiesen, die sich seit langem im Familienbesitz befindet – »der Oma ihr Häuschen« eben. Dabei wird vor groben Übertreibungen bzw. Fehlschlüssen nicht zurückgeschreckt. Erstens wird es sich meist nicht um das Häuschen der Oma handeln, denn dieses ist üblicherweise schon auf die Eltern unserer steuerlich so besorgten Enkel übergegangen. Zweitens führt eine beabsichtigte Eigennutzung der Enkel in den allermeisten Fällen zu einer vollkommenen Erbschaftsteuerbefreiung. In unserem Beispiel können wir davon ausgehen, dass unsere wohlhabenden Erblasser kein Häuschen, sondern eine Villa hinterlassen. Der Wert der Immobilie spielt überhaupt keine Rolle. Die Villa muss nur zehn Jahre lang von den Erben eigengenutzt werden und darf eine Größe von 200 Quadratmetern nicht überschreiten. Drittens wird es sich selten um eine von der Oma »hart erarbeitetes Häuschen« handeln. In den meisten Fällen bedeutet ja »langjähriger Familienbesitz«, dass nicht harte Arbeit zu dem jetzigen Wert der Immobilie geführt hat, sondern die Wertsteigerungen der letzten Jahrzehnte, die zum Teil auf staatliche Infrastrukturmaßnahmen zurückzuführen sind. Und der Aufschrei, der zum Jahresende 2022 eingesetzt hatte, weil zum 01.01.2023 eine realistische Immobilienbewertung von Gesetzes wegen erfolgen muss, bedeutet ja nur, dass die Immobilien bisher nicht nach dem wirklichen Wert angesetzt wurden. Das hatte im Übrigen das Bundesverfassungsgericht schon 2014 moniert.

Aber auch, wenn keine Eigennutzung angestrebt wird, kommen Erben mit recht niedrigen Steuerforderungen davon. Ein Beispiel: Unser zu vererbendes Haus ist ein Mehrfamilienhaus mit einem Wert von drei Millionen Euro. Es gehört nicht der Oma, sondern den Eltern von drei Kindern, die schnell noch vor dem Jahr der neuen Wertansätze im Jahr 2023 den Kindern die Immobilie übertragen. Die Freibeträge der Kinder machen zusammen 2.400.000 Euro aus, bestehend aus jeweils 400.000 Euro im Verhältnis zu Vater und Mutter. Zu versteuern sind also nur 200.000 Euro pro Kind. Wie wir gesehen haben, beträgt der Erbschaft- bzw. Schenkungssteuersatz von elf Prozent. Das heißt, jeder der drei vorzeitigen Erben muss 22.000 Euro an Steuern bezahlen. Da unsere Kinder der Familie Großschmidt unverdienterweise durch die Übertragung der Immobilie zu Millionären geworden sind, erscheint die Steuerlast von 22.000 Euro doch eher als gering.

Betriebsvermögen begünstigt

Für die wirklich Vermögenden gibt es, wenn sie ein Betriebsvermögen besitzen, noch weitere Vorteile. Denn Betriebsvermögen oder Teile davon sind, wie bereits erwähnt, weitgehend von der Erbschaftsteuer befreit. Diese Vergünstigung für unsere Groß-Großschmidts wird noch deutlicher, wenn man weiß, dass bei den 1,5 Prozent der Vermögendsten das Betriebsvermögen über 40 Prozent des Gesamtvermögens ausmacht. Der Hintergrund für die Betriebsvermögensregelung ist die Ermöglichung der Fortführung des Betriebs durch Familienmitglieder, denn eine hohe Erbschaftsteuerbelastung könnte dies gefährden. Zudem könnten dadurch Arbeitsplätze verloren gehen. Argumentiert wird meistens mit dem klassischen »Familienunternehmen«, also der kleinen Schreinerei, Bäckerei oder einem sonstigen Handwerksbetrieb. Jedoch werden die Erben kleinerer Betriebe wegen der hohen Freibeträge kaum Steuern zahlen, und die Erben mittlerer Betriebe können die Erbschaftsteuer in der Regel aus dem sonstigen vererbten Vermögen bezahlen. Im großen Stil profitieren nur die Großunternehmen bzw. deren Erben – eben keine Familienunternehmen. Außerdem ist der Zusammenhang zwischen der Familienfortführung und dem Erhalt von Arbeitsplätzen nicht belegt. Und Unternehmenserben sind nicht unbedingt die besseren Wirtschaftslenker, insbesondere wenn sie bisher gar nicht im Betrieb mitgearbeitet hatten.

Es gibt zwei Alternativregelungen: Bei einer Betriebsfortführung von mindestens fünf Jahren werden 85 Prozent des Betriebsvermögens von der Steuer befreit, wenn die Beschäftigten in diesem Zeitraum im Betrieb gehalten werden. Dazu müssen die Lohnsummen der letzten fünf Jahre gleichbleiben. Zusätzlich gibt es einen Freibetrag von 150.000 Euro. Bei einer Betriebsfortführung von mindestens sieben Jahren gibt es sogar eine 100-prozentige Befreiung des Betriebsvermögens, wenn die Belegschaft weitgehend erhalten bleibt. Im Zeitalter einer hohen Inflation steigen auch die Löhne überproportional, was aber keinen Einfluss auf die Fünf- oder Siebenjahresregel hat. Dies bedeutet, dass es durchaus Entlassungen geben kann. Die Verschonungsregel beim Betriebsvermögen hat unter Umständen auch noch eine andere Auswirkung. Privates Vermögen konnte als Betriebsvermögen getarnt werden. Dazu musste man nur eine GmbH gründen, deren einziger Zweck darin bestand, das private Geld zu verwalten, eine sogenannte Cash-GmbH. Im Falle des Vererbens oder der schenkungsweisen Übertragung der Cash-GmbH galten dann die Befreiungsregeln des Betriebsvermögens. Im neuen Erbschaftsteuergesetz von 2016 wurde dann – wegen der Vorgaben des Bundes-

verfassungsgerichts – eine Unterscheidung zwischen »Verwaltungsvermögen« und »Produktivvermögen« eingeführt. Wenigsten kann so nicht mehr das gesamte Betriebsvermögen steuerfrei bleiben. Das Urteil aus dem Jahr 2014 hat auch eine Obergrenze für die Verschonung von Unternehmensvermögen gefordert. Der Gesetzgeber hat daraufhin entschieden, dass ab einem Betriebsvermögen von über 26 Million bis 90 Millionen Euro eine Abschmelzung der Steuerfreiheit beginnt. Bei Großerwerben gibt es aber eine andere Begünstigung: die »Verschonungsbedarfsprüfung«. Demnach können Erben den vollständigen Erlass der Steuer beantragen, wenn für die Bezahlung der Steuerschuld kein »verfügbares Vermögen« vorhanden ist, die Erben also »bedürftig« sind. Wieder eine Regelung, die durch Lobbyeinfluss zustande kam und wohl nicht den Vorgaben des Verfassungsgerichts entspricht.
Selbstverständlich gelten bei den Unternehmensvererbungen auch noch die persönlichen Freibeträge, so dass auch die richtig Wohlhabenden weitgehend von der Schenkung- bzw. Erbschaftsteuer verschont bleiben. Der ehemalige Vizepräsident des Bundesfinanzhofes, Hermann-Ulrich Viskorf, bezeichnete in den *Stuttgarter Nachrichten* die Erbschaftsteuer-Novellierung von 2016 so: »Der Gesetzgeber hat die neuen Regelungen so gestaltet, dass sie leicht umgangen werden können und nur für ganz große Betriebsvermögen Bedeutung haben werden. Mein Fazit lautet: Das Ziel wurde verfehlt.«
Als der Bundesfinanzhof, als das höchste deutsche Steuergericht, im Jahr 2017 ein Urteil fällte, auch große Wohnungsunternehmen der Erbschaftsbesteuerung zu unterwerfen, reagierte die Verwaltung mit einem sogenannten Nichtanwendungserlass, also dem Ignorieren eines höchstrichterlichen Urteils. Verantwortlich dafür war der damalige Finanzminister Olaf Scholz! Das Ergebnis kann nur als grotesk eingestuft werden: Erbt jemand drei Wohnungen, fällt Erbschaftsteuer an. Erbt jemand 300 Wohnungen, dann zahlen die Erben nichts, denn die Erbmasse stammt nach Auffassung der Finanzverwaltung aus einem Betriebsvermögen, daher gelten die oben genannten großzügigen Regelungen. Noch besser geht es für Familie »Besondersdreist« mit einer *Family-Office-Banklizenz*. Da kleine Aktienpakete nicht als begünstigtes Betriebsvermögen gelten, können sie ins Family-Office verschoben werden und dieses beantragt dann eine Banklizenz. So wird aus einem eigentlich steuerpflichtigen Vermögen auf einmal ein Betriebsvermögen einer familieneigenen Bank, welches steuerfrei vererbt oder schenkungsweise übertragen werden kann. Nach Schätzungen des *Netzwerk Steuergerechtigkeit* belaufen sich die Steuersubventionen für Firmenübertragungen auf 10 Milliarden Euro jährlich.

Wenn einmal doch eine hohe Erbschaftsteuer anfällt, dann hat es der Erblasser womöglich versäumt, für die Weiterführung des Betriebes Sorge zu tragen. So ging es den Erben von Heinz Hermann Thiele, dem Mehrheitseigentümer von Knorr-Bremse und anderen Firmen, der Anfang 2021 verstarb. Nach Angaben des *Münchner Merkur* belief sich das Vermögen des Industriellen zusammen mit anderen Beteiligungen auf etwa 20 Milliarden Euro, die er in einer Vermögens-GmbH in Grünwald bei München – wohl wegen des geringen Gewerbesteuerhebesatzes – bündelte. Angeblich bestand der Plan, die Firma in eine (weitgehend steuerfreie) Stiftung einzubringen, was bis zu seinem Tod aber nicht mehr realisiert werden konnte. Nun drohen den Erben Steuerzahlungen in Milliardenhöhe. Doch dafür gibt es großzügige und teilweise zinsfreie Stundungen. Nach Angaben der Zeitung soll die Bezahlung der Erbschaftsteuer für die Erben »kein Problem« gewesen sein.

Wem die unternehmerfreundlichen Regelungen in Deutschland nicht weitgehend genug vorkommen, dem bleibt immer noch der Umzug ins Ausland. Prominente Beispiele dafür sind der Kaufhausketteninhaber Helmut Horten und der Speditionsunternehmer Klaus-Michael Kühne, die sich schon in den 60er Jahren in die Schweiz absetzten. 2003 tat es ihnen der Eigentümer des Großunternehmens Müller-Milch, Theo Müller, gleich. Müller wurde auch dadurch bekannt, dass er hohe öffentliche Fördergelder für eine Betriebsverlagerung von Niedersachsen in den Freistaat Sachsen kassiert hatte. Für die 122 Stellen im sächsischen Leppersdorf wurden am alten Standort 165 Arbeitsplätze abgebaut. Auch der Staat Österreich, in dem es seit 2008 keine Erbschaftsteuer mehr gibt, ist bei »Steuerflüchtlingen« sehr beliebt. Außerdem gibt es dort auch keine Vermögensteuer. Ein Paradies für Erben wie die Tochter des Milliardärs Helmut Horten, Heidi Goss-Horten, die jüngst dadurch auffiel, dass sie in eine Spendenaffäre zugunsten der konservativen Österreichischen Volkspartei verwickelt war. Ihr Umzug aus dem schweizerischen Steuerfluchthafen des Vaters nach Österreich brachte ihr weitere Vorteile, denn auch die Schweiz kennt eine Vermögensteuer. Die Vorschrift einer fünfjährigen Frist, in der die inländische Erbschaftsbesteuerung bei einem Umzug ins Ausland weiter gilt, wird viele Umzugswillige nicht abhalten.

DIE CSU UND DAS GRUNDGESETZ

Angesichts einer solch steuerlich motivierten Republikflucht forderte vor ein paar Jahren der damalige Landesgruppenchef der CSU im Bundestag, Peter Raumsauer, ganz auf die Erbschaftsteuer zu verzichten. Als Diplomkaufmann kannte er wohl die bayerische Verfassung nicht gut genug. In Art. 123 heißt es da: »Die Erbschaftsteuer dient auch dem Zweck, die Ansammlung von Riesenvermögen in den Händen einzelner zu verhindern.« Als ehemaliger Bundesminister hätte er aber das Grundgesetz kennen können, welches in Art. 14 Absatz 2 den Satz stehen hat: »Eigentum verpflichtet« und dass »sein Gebrauch zugleich dem Wohle der Allgemeinheit dienen soll«. Ramsauer fiel auch dadurch auf, dass er sich vehement dagegen wehrte, seine hohen Beratereinkünfte als Bundestagsabgeordneter zu veröffentlichen. Der CSU-Abgeordnete und bayerische Finanzminister, Albert Füracker, fordert die Freibeträge bei der Erbschaftsteuer drastisch zu erhöhen, weil in bayerischen Regionen die Immobilienpreise so stark gestiegen seien und für 2023 jetzt eine realistischere Bewertung ins Haus steht. Er argumentiert damit, dass die Erben jetzt das »Eigenheim« der Eltern verkaufen müssten, weil sie die darauf entfallende Steuer nicht bezahlen könnten. Der bayerische Wirtschaftsminister, Hubert Aiwanger, forderte, die »Neidsteuer« gleich ganz abzuschaffen. Der bayerische Ministerpräsident, Markus Söder, will sogar vor das Bundesverfassungsgericht ziehen, um die neuen Bewertungsvorschriften beim Immobilienvermögen zu Fall zu bringen bzw. höhere Freibeträge einzufordern. Dass die neuen Bewertungsvorschriften nur einem Urteil des Bundesverfassungsgerichts folgen, interessiert den Juristen Söder wohl nicht. »Es sei nicht fair, Grundstückspreise in Garmisch-Partenkirchen und in Greifswald miteinander zu vergleichen,« wird Söder zitiert. Im Endeffekt will Söder eine steuerliche Sonderbehandlung bayerischer Immobilienbesitzer, ähnlich schon wie beim neuen Grundsteuergesetz, bei dem Bayern einen Sonderweg gegangen ist und bei dem die Werte der Grundstücke keine Rolle spielen sollen. Die bayerische Staatsregierung will damit weiterhin der Hüter der Großschmidts, der Groß-Großschmidts und aller anderen Wohlhabenden bleiben.

Dabei bedienen sich die Lobbyisten der Reichen eines psychologischen Paradoxons. Reichtum wird oft kritisch gesehen, er wird aber gemeinhin akzeptiert, sobald er durch einen Todesfall erworben wird. Rationalität und Logik greifen dann nicht mehr. Es geht um Gefühle. Vielleicht ist es auch ein Wunschdenken auf eine eigene zukünftige Erbschaft oder schlicht die

Unwissenheit über die meist gering ausfallende Erbschaftsteuer. Denn mehr als 50 Prozent der Bevölkerung erben nichts, und weitere 25 Prozent zahlen für ihre kleinen Erbschaften auch keine Erbschaftsteuer. Dennoch halten 23 Prozent die Erbschaftsteuer für zu hoch, und 29 Prozent sind sogar der Meinung, dass sie komplett abgeschafft werden soll – Wasser auf die Mühlen der populistischen Politiker.

8. Die Benachteiligung der »kleinen« Leute

8. Die Benachteiligung der »kleinen« Leute

Dass die Gering- und Normalverdiener veritable Steuerzahler sind, wurde schon angesprochen. Über die Verbrauchsteuern wie Mehrwertsteuer, Energiesteuern und diverse andere tragen sie zu 42 Prozent des Steueraufkommens bei. Wir haben auch gesehen, dass die sozialstaatlich motivierten Steuererleichterungen wegen der Progressionsabhängigkeit bei den Bedürftigen nur im beschränkten Maße ankommen. Die Unterschiede beim Kindergeld und Kinderfreibetrag drücken dies deutlich aus. Gibt es aber auch Steuern, die überdurchschnittlich die »kleinen« Leute treffen?

Die Steuern von Herrn und Frau Kleinschmidt

Natürlich gibt es keine Steuern, die ausdrücklich für den ärmeren Teil der Gesellschaft gelten würden. Dies wäre mit dem Gleichheitsgrundsatz unserer Verfassung auch nicht vereinbar. Es gibt aber Lebensrealitäten, die manche Steuern tatsächlich als »Unterschichtensteuern« erscheinen lassen. Dazu gehört die Tabaksteuer. Wir haben schon gesehen, dass ihr Aufkommen teilweise das Doppelte des Erbschaftsteueraufkommens ausgemacht hat. Dabei sind die lauteren Motive für die Tabaksteuer unbestritten. Für Tabakwaren ist, wegen der Schädlichkeit ihres Konsums, ein hoher, über Steuern erlangter Preis sicherlich gerechtfertigt. So weit, so gut. Aber wen trifft die Steuer am meisten? Nach einer im *Ärzteblatt* veröffentlichten Studie ist der Rauchwarenkonsum stark von der sozialen Stellung abhängig. 41,6 Prozent der Bürger ohne Schulabschluss und nur 20 Prozent mit Hochschulreife rauchen in Deutschland. Bei Menschen mit niedrigem Einkommen beträgt die Raucherquote bis zu 50 Prozent. Geringstverdiener und Menschen in der Grundsicherung, vor allem wenn sie alleinerziehend sind, geben oft 20 Prozent und mehr ihres verfügbaren Einkommens für Rauchwaren aus. Dies verwundert nicht bei einem Tabaksteueranteil von 3,56 Euro und einem Mehrwertsteueranteil von 1,33 Euro pro Schachtel Zigarette. Dabei soll der Steueranteil bis 2026 noch einmal um 50 Cent steigen. Die Tabaksteuer wird damit tendenziell zu einer Steuer für die Unterschicht.
Wie steht es mit Steuern auf den Lottostein? Nicht gemeint ist hier eine Steuer auf einen möglichen Lottogewinn, denn dieser ist von der Einkommensteuer befreit. In unserem Zusammenhang geht es um die Steuer, die für das Spielen oder Wetten erhoben wird. Diese beträgt in der Regel 20 Prozent des Einsatzes.

Die Motive fürs Lottospielen sind unterschiedlich. Meistens steht die – wenn auch irrationale – Aussicht auf einen Gewinn im Vordergrund, den man sonst nie, besonders nicht durch Arbeit, erzielen könnte. Generell korrespondiert der durchschnittliche Lottospielertyp mit einer niedrigen sozial-ökonomischen Statusposition, wie niedriger Bildung und geringem Einkommen. Gerade in verzweifelten finanziellen Situationen werden verstärkt Lottolose nachgefragt. Dadurch wirkt auch die Rennwett- und Lotteriesteuer regressiv, das heißt, die niedrigen Einkommensschichten zahlen wesentlich mehr als die Bezieher höherer Einkommen. Damit wird auch die Lotteriesteuer zu einer Steuer des kleinen Mannes oder der kleinen Frau. Man könnte auch das Lottospielen als »eine vom Staat organisierte Ausbeutung der Hoffnungen sozial benachteiligter Schichten« bezeichnen, wie ein amerikanischer Soziologe es einmal nannte. Das Steueraufkommen betrug im Jahr 2021 2,33 Milliarden Euro – eigentlich nicht viel. Im Verhältnis etwa zur Erbschaftsteuer aber doch nicht unbedeutend. Nicht nur die unteren Schichten zocken. Auch die Angehörigen der Oberschichten tun es oft. Nur spielen sie nicht Lotto, sondern sie spekulieren an den Börsen. Bei den Börsenspekulationen geht es heutzutage nicht mehr in erster Linie um den Wert eines Industrieunternehmens und dessen möglichen Dividendenausschüttungen, sondern schlicht um das Wetten auf steigende oder fallende Kurse, sei es bei Aktien, Rohstoffen oder Lebensmitteln. Das Ganze hier aber steuerfrei, denn die Börsenumsatzsteuer wurde schon 1991 abgeschafft. Lediglich die realisierten Kursgewinne unterliegen der Abgeltungsteuer von 25 Prozent.

Bleiben wir bei den sogenannten Bagatellsteuern. Vielfach sind es Genussmittelsteuern, früher auch »Luxussteuern« genannt, die sich historisch unter bestimmten Voraussetzungen entwickelt haben. Die Kaffeesteuer gibt es weiterhin. Die Salz- und Zuckersteuern wurden wieder abgeschafft. Die Branntweinsteuer und die Schaumweinsteuer sind weiterhin in Kraft. Letztere wurde 1902 am Vorabend des Ersten Weltkrieges zur Finanzierung der deutschen Kriegsmarine eingeführt. Bier wird relativ gering besteuert. Auf einen halben Liter Bier kommen etwa 5 Cent Biersteuer. Also eine sehr moderate Steuerquote verglichen mit dem Genussmittel Tabak. Auch der übermäßige Genuss von Alkohol ist schädlich. Nun kann man sich darüber streiten, ob eine höhere Steuer darauf sinnvoll wäre. Weil Bier in allen sozialen Schichten weitverbreitet ist und mindestens in Bayern als »flüssiges Nahrungsmittel« gilt, hält man die Steuer darauf niedrig. Das jährliche Steueraufkommen von ca. 600 Millionen Euro drückt dies auch aus. Interessant ist der Vergleich der Biersteuer mit einer möglichen Steuer auf Wein. Eine Weinsteuer gibt es in Deutschland nicht. Warum nicht? Eine Erklärung wäre, dass der Weingenuss in der Oberschicht mit 67 Prozent stärker verbreitet ist als in der Unterschicht mit 46 Prozent. Naheliegender ist, dass es der Winzerlobby gelungen ist, eine Weinsteuer zu verhindern.

KURIOSE MEHRWERTSTEUERSÄTZE UND -BEFREIUNGEN

Die Mehrwertsteuer firmiert im Juristendeutsch als Umsatzsteuer. Die Umsatzsteuer ist die Steuer mit dem höchsten Aufkommen. Nachdem das Aufkommen wegen der Senkung des Mehrwertsteuersatzes in der Corona-Pandemie kurzzeitig zurückgegangen war, erreicht sie im Jahr 2022 mit knapp 300 Milliarden wieder Rekordwerte. Das Umsatzsteuergesetz spricht von einer »Endverbrauchersteuer«, da im Endeffekt die Konsumenten die Steuer bezahlen. Für die Unternehmen ist sie kostenneutral. Diese können nämlich die Mehrwertsteuer, die in ihrem Wareneinkauf oder in den Betriebskosten steckt, als sogenannte Vorsteuer wieder von der Umsatzsteuerschuld abziehen. Versteuert wird also nur der »Mehrwert«. Und diese »Mehrwertsteuer« wird dann an die Kunden bzw. Verbraucher weitergegeben. Damit ist auch schon die Wirkung der Steuer angedeutet: Sie trifft jeden in gleichem Maße. Jedoch wirkt sie regressiv in dem Sinne, dass sie Menschen mit niedrigen Einkommen mehr belastet als jene mit einem hohem, denn Geringverdiener oder Bürgergeldempfänger müssen fast ihr ganzes Einkommen, das nach Abzug der Mietkosten verbleibt, für den Konsum verwenden. Jede Mehrwertsteuererhöhung verstärkt diese Regressionswirkung. Daher wurde die Mehrwertsteuererhöhung mit Wirkung zum 01.01.2007 von 16 auf 19 Prozent unter dem damaligen SPD-Finanzminister Peer Steinbrück auch als besonders unsozial empfunden, insbesondere weil die SPD eine Erhöhung noch im Wahlkampf ausgeschlossen hatte.

Lieferungen ins Ausland sind von der Mehrwertsteuer befreit. Lieferungen und Leistungen heißt es im Gesetz. Damit sind auch Beförderungsleistungen, die ins Ausland gehen, von der Steuer befreit, also auch Flüge ins Ausland. Da es keine Energiesteuer auf Flugbenzin gibt, bedeutet dies nichts anderes als die doppelte Subventionierung der Vielflieger. Benutzer öffentlicher Verkehrsmittel zahlen dagegen Mehrwertsteuer. Ebenfalls nicht der Mehrwertsteuer unterliegt die Vermittlung von Krediten und der Kauf von Aktien und anderen Finanzprodukten. Auch wer sich mit Gold (Münzen oder Barren) eindeckt, bleibt mehrwertsteuerfrei. Sogar Goldzertifikate fallen darunter.

Zudem sind Spekulationsgewinne auf Gold – nach einer Haltefrist von nur einem Jahr – von der Spekulationsteuer ausgenommen. Also überall dort, wo die Wohlhabenden investieren oder ihr Geld ausgeben, werden sie von lästigen Steuern verschont.

Eine soziale Lenkungsfunktion wird im ermäßigten Steuersatz von sieben Prozent gesehen. Grundnahrungsmittel sollen daher niedriger besteuert werden als etwa alkoholische Getränke. Bücher niedriger als Computerspiele. Auch eine kulturelle Rechtfertigung gibt es bei den Steuersätzen: Theater-, Konzert- und Museumsbesuche werden mit einem Satz von sieben Prozent belegt. In der umsatzsteuerrechtlichen Praxis konnte dieser Grundsatz aber nicht durchgehalten werden. So beträgt der Steuersatz bei Babynahrung 19 Prozent – bei Tiernahrung jedoch sieben. Der öffentliche Nahverkehr wird mit sieben Prozent besteuert – das Taxifahren aber auch. Nur werden sich die meisten Niedrigverdiener keine Taxifahrt leisten können. Ein Schulessen wird mit 19 Prozent besteuert, Pommes zum Mitnehmen mit sieben Prozent. Bis zum 31.12.2019 mussten für Tampons 19 Prozent bezahlt werden, für Lachskaviar und Schnittblumen dagegen nur sieben. Erst nach einer jahrelangen Kampagne mit 270.000 gesammelten Unterschriften unter dem Motto »Die Periode ist kein Luxus« wurde vom Bundestag der ermäßigte Steuersatz für den Hygieneartikel beschlossen. Der Höhepunkt der Ungerechtigkeit bei den Mehrwertsteuersätzen wurde im Dezember 2009 erreicht. Die schwarz-gelbe Koalition beschloss, den Mehrwertsteuersatz bei Hotelübernachtungen von 19 auf sieben Prozent zu senken. Diese Gesetzesänderung ging als »Mövenpick-Steuer-Geschenk« in die deutsche Steuergeschichte ein. Die FDP bekam nämlich in den Jahren 2008 und 2009 eine Parteispende in Höhe von 1,1 Millionen Euro von einer Substantia AG. Die Firma gehörte zur Unternehmensgruppe von August von Finck jun., der gleichzeitig Hauptaktionär der Restaurant- und Hotelgruppe Mövenpick war. Bis heute ist der ermäßigte Steuersatz für das Beherbergungsgewerbe nicht zurückgenommen worden, obwohl eine Studie schon 2014 feststellte, dass viele Hotels die Steuersenkung nicht über Preissenkungen weitergegeben haben. Der 2021 verstorbene von Finck lebte schon seit 1999 aus steuerlichen Gründen in der Schweiz und galt in den 70er Jahren des letzten Jahrhunderts als Förderer von Franz Josef Strauß und dessen CSU. Im Jahr 2018 hat von Finck mutmaßlich größere Summen an die AfD gespendet.

Nach Schätzungen von Stefan Bach vom Deutschen Institut für Wirtschaftsforschung gehen durch den ermäßigten Steuersatz bei der Umsatzsteuer dem Staat jährlich mehr als 40 Milliarden Euro verloren. Zu viele Produkte des täglichen Verbrauchs, die der Intention nach zur Sicherung des Existenzminimums dienen, gehören zur Gruppe des allgemeinen Satzes von 19 Prozent, zum Beispiel Mineralwasser und Fruchtsäfte. Dagegen bleiben Gänseleber, Froschschenkel, Wachteleier und Riesengarnelen begünstigt. Eine systematische Begünstigung der Bedürftigen findet über das Mehrwertsteuersystem nicht statt. Eher das Gegenteil ist der Fall. In die richtige Richtung geht die seit 1. Oktober 2022 geltende Senkung der Mehrwertsteuer bei Gas und Fernwärme. Allerdings fehlt dieser Regelung eine ökologische Komponente. Auch wer viel Energie verbraucht, bezahlt den gleichen Steuersatz.

Energiesteuer – Arme und Reiche zahlen gleich viel

Die Energiesteuer wird zusätzlich zur Mehrwertsteuer bezahlt. Die Energiesteuer hieß bis 2006 Mineralölsteuer und wird auf Benzin, Diesel, Erdgas, Heizöl und Kohle erhoben. Auf einen Liter Benzin entfallen aktuell 65,45 Cent und auf einen Liter Diesel 47,04 Cent an Energiesteuern. Leichtes Heizöl und Erdgas werden geringer besteuert. Seit 2021 kommt zur Energiesteuer noch die CO2-Steuer dazu, die in Schritten von 25 Euro pro Tonne Kohlendioxid auf 55 Euro pro Tonne bis 2025 erhöht werden soll. Pro Liter Benzin und Diesel macht die CO2-Steuer aktuell zwischen sieben und acht Cent aus. Die Energiesteuer ist nicht wie die Einkommensteuer progressiv gestaltet. Daher wirkt sie regressiv, das heißt, die Geringverdiener werden wie bei der Mehrwertsteuer stärker von der Steuer betroffen. Für den Heizungsbereich kommt noch ein Nachteil für unsere Kleinschmidts dazu. Sie sind abhängig von den Energieeffizienzmaßnahmen der Hauseigentümer, denn die Masse der Geringverdiener wohnt zur Miete. Alles, was Familie Kleinschmidt tun kann, ist, die Heizung runterzudrehen. Auf der anderen Seite werden die energetischen Sanierungen der Immobilienbesitzer vom Staat steuerlich gefördert.

Da wegen des Ukraine-Krieges die Energiekosten im ersten Halbjahr 2022 sehr stark angestiegen waren, hatte die Bundesregierung beschlossen, die Bürger zu entlasten. Herausgekommen ist der sogenannte Tankrabatt. Die Energiesteuer wurde bei Benzin um 30 Cent und bei Diesel um 14 Cent, befristet für drei Monate, abgesenkt. Die Steuermindereinnahmen wurden auf 3,15 Milliarden Euro veranschlagt. Auch hier wirkte sich die Steuersenkung für alle gleich aus. Und damit keine stärkere Entlastung für Geringverdiener, keine ökologische Lenkungswirkung und kein Anlass zum Spritsparen. Die

Volkswirtin Klaudia Kempfert vom Deutschen Institut für Wirtschaftsforschung bezeichnete die Maßnahme so: »Ökonomisch und ökologisch unsinnig, enorm teuer, verschwendetes Steuergeld und sozial ungerecht.«

Die unterschiedliche Besteuerung der Energieträger geht aber noch kurioser! Schweres Heizöl bzw. Schweröl wird noch geringer besteuert, obwohl es sich dabei erwiesenermaßen um den umweltschädlichsten Treibstoff handelt. Aber wer heizt mit Schweröl? Niemand! Aber mit Schweröl werden immer noch die meisten Kreuzfahrtschiffe befeuert. Und wer leistet sich eine Kreuzfahrt in die Karibik – bestimmt nicht unsere Familie Kleinschmidt. Für Kreuzfahrten, weil auf hoher See oder in ausländischen Binnengewässern, zahlt Familie Großschmidt keine Mehrwertsteuer und nur eine geringe Energiesteuer. Auf einem wichtigen Sektor entfällt die Energiesteuer gänzlich – der Luftfahrt. Sie ist von der Besteuerung ausgenommen. Dies gilt für den Fracht- wie für den Passagierbereich, obwohl gerade im Flugverkehr hohe CO2-Emissionen zu verzeichnen sind. Zudem tragen die durch den Flugverkehr verursachten Stickoxide und der freigesetzte Wasserdampf in den hohen Luftschichten relativ viel zum Treibhauseffekt bei. Alle Versuche, eine Kerosinsteuer einzuführen, sind bislang aus internationalen Wettbewerbsgründen gescheitert. Nicht einmal auf EU-Basis ist die Einführung gelungen. Als Alternativbesteuerung hat man 2011 eine Luftverkehrsabgabe eingeführt. Diese beträgt für Kurzstreckenflüge 12,88 Euro, für die Mittelstrecke 32,62 und für die Langstrecke 58,73 Euro pro Start. Das Aufkommen betrug vor der Corona-Pandemie 1,2 Milliarden Euro. Die Luftverkehrsabgabe gilt nicht für die Hobbyfliegerei. Der Privatflieger Friedrich Merz, Ex-Blackrock-Lobbyist und CDU-Vorsitzender, der sich selbst zum Mittelstand zählt, braucht diese Abgabe nicht zu zahlen. Dies erinnert sehr an den CSU-Vorsitzenden Franz Josef Strauß, einst selbst Hobbyflieger, der 1985 versuchte, über das damals diskutierte »Steuerbereinigungsgesetz« eine Befreiung von der Mineralölsteuer für Privatflugzeuge durchzusetzen. Die Steuer war erst 1981 von der sozialliberalen Regierung für Hobbyflieger eingeführt worden. Angeblich hatte Strauß schon die Zusage von Bundeskanzler Helmut Kohl und dem damaligen Finanzminister Gerhard Stoltenberg für dieses Vorhaben. Strauß scheiterte schließlich an der Mehrheit der CDU/CSU- und FDP-Fraktion, weil das Vorhaben zu offensichtlich nach Vetternwirtschaft und Subventionsmissbrauch roch. Das Umweltbundesamt bezifferte 2012 den Steuerausfall im Luftverkehr wegen der fehlenden Kerosinsteuer auf 11,8 Milliarden Euro. Festzuhalten bleibt, dass es für die »Kleinen« wenig Steuererleichterungen gibt – für die »Großen« hingegen sind sie Legion.

KEINE STEUERERSTATTUNG FÜR FAMILIE KLEINSCHMIDT

Nicht so leicht in das steuerliche Blickfeld bei unseren Geringverdienern gelangt ein anderes Phänomen. Viele Steuerpflichtige würden durchaus Geld vom Staat zurückbekommen, wenn sie denn eine Steuererklärung abgeben würden. Denn dazu sind Arbeitnehmer, wenn sie keine anderen Einkünfte haben, nämlich gar nicht verpflichtet. Doch die Abgabe einer Erklärung lohnt sich fast immer. Besonders in den Fällen, in denen Kirchensteuer bezahlte wurde und Spenden abgesetzt werden können, sofern diese den Sonderausgabenpauschbetrag in Höhe von 36 Euro übersteigen. Auch dann gibt es Geld zurück, wenn Werbungskosten den allgemeinen Arbeitnehmerfreibetrag von 1.000 bzw. ab 2023 1.200 Euro übersteigen. Auch in dem Fall, wenn der Freistellungsauftrag bei den Kapitaleinkünften nicht oder nicht vollständig vorliegt und Kapitalertragsteuer einbehalten wurde. Der hier in Frage kommende Sparerfreibetrag beträgt ab 2023 1.000 Euro pro Person, für Ehegatten also 2.000 Euro. Kaum ein Geringverdiener kommt auf diesen Betrag. Das wegen der Nichtabgabe einer Steuererklärung verschenkte Geld wird jährlich auf über eine Milliarde Euro geschätzt. Hier ist wieder die Unwissenheit in Sachen Steuerecht die Ursache für den Geldverzicht. Natürlich wissen unsere Kleinschmidts auch nicht, dass hier Steuerrückerstattungen bis zur Verjährungsfrist von vier Jahren zurückzuholen wären. Und einen Steuerberater können sich die wenigsten leisten. Auch wie Steuerberater ihr Honorar berechnen, ist für Laien ein Buch mit sieben Siegeln. Fälle wie der folgende sind keine Seltenheit. Ein Arbeitnehmer mit einem Jahresgehalt von 35.000 Euro hat keine erhöhten Werbungskosten und kann lediglich die Kirchensteuer absetzen. Sein Steuerberater verlangt etwa 180 Euro an Gebühren für das Ausfüllen der Erklärung. Die Steuererstattung beträgt im Beispielsfall aber nur 120 Euro. Oder: Für eine Grundsteuerklärung darf der Steuerberater Gebühren verlangen, die sich nach dem Wert der Immobilie richten. Für eine Eigentumswohnung in München, die 500.000 Euro wert ist, sind dies 460 Euro. Dabei braucht der Steuerberater in Bayern nicht einmal den Wert ermitteln, denn der soll ja nach dem Willen der Bayerischen Staatsregierung gerade nicht angesetzt werden.

Wenn es aber um Steuernachforderungen geht, braucht es gar keine Steuererklärung. Das Finanzamt kann die Einkommensteuer aufgrund von amtlichen Mitteillungen festsetzen. Dies betrifft insbesondere Rentner, auch Kleinrentner, die sich wundern, dass sie plötzlich Steuern zahlen müssen. Die meisten Rentner gingen und gehen davon aus, dass ihre Rente nur mit dem sogenannten Ertragsanteil steuerpflichtig ist. Dieser lag im Jahr 2005 bei 50 Prozent und aktuell bei 83 Prozent. Der Gesetzgeber hat aber 2005 eine Regelung getroffen, dass die jährlichen Rentenerhöhungen zu 100 Prozent zu versteuern sind. Diese Regelung wurde nie groß diskutiert, führt zu einem großen Verwaltungsaufwand und trifft diejenigen hart, die nur von ihrer kleinen Rente leben müssen. Dagegen bleibt es für die Wohlhabenden mit Kapitaleinkünften bei der pauschalen Besteuerung mit 25 Prozent.

9. Steuererhebung: Da wäre mehr drin!

9. STEUERERHEBUNG: DA WÄRE MEHR DRIN!

Wie wir gesehen haben, zieht sich die steuerliche Besserbehandlung der Wohlhabenden praktisch durch alle Steuerarten. Dem steht der Gleichheitsgrundsatz bzw. der Grundsatz der Leistungsfähigkeit der Verfassung entgegen. Nach der Auffassung des Bundesverfassungsgerichts gilt der Gleichbehandlungsgrundsatz nicht nur bei der Festsetzung von Steuern, sondern auch bei der Durchsetzung des staatlichen Steueranspruchs. Steuergerechtigkeit hat also mehrere Ebenen.
Jedoch werden diese Grundsätze im Gesetzgebungsprozess oft nicht eingehalten. Der Gesetzgeber kann bestimmte Steuern erheben oder es auch nicht tun, wie es etwa bei der ausgesetzten Vermögensteuer der Fall war. Er kann Steuersätze erhöhen oder ermäßigen, wie wir es bei der Mehrwertsteuer gesehen haben. Er kann soziale Gesichtspunkte bei der Steuer berücksichtigen und Schlupflöcher beseitigen oder auch belassen. Aber auch bei der Steuererhebung und den Verfahrensabläufen stellt sich die Frage der Gleichbehandlung und damit der Steuergerechtigkeit. Anders als bei der Gesetzgebung sind für die Steuererhebung, also für das Prüfen von Unterlagen und den Erlass von Steuerbescheiden, für die Durchführung von Betriebsprüfungen oder für Maßnahmen der Steuerfahndung, die einzelnen Bundesländer zuständig. Lediglich für die Koordination im internationalen Bereich und zwischen den Ländern wurde das Bundeszentralamt für Steuern gegründet. Die Länderkompetenz ist nicht unerheblich, denn dies geht mit der Personalhoheit einher. Die einzelnen Bundesländer können die Steuerverwaltung personell gut ausstatten oder eben auch nicht. Bis auf das Bundeszentralamt ist die Anzahl der Beschäftigten in der Steuerverwaltung der Länder seit Jahren rückläufig. Waren es im Jahr 2009 noch über 102.000 Beschäftigte, so ist die Mitarbeiterzahl im Jahr 2020 auf ca. 96.000 Mitarbeiter geschrumpft. Dies wirkt sich speziell auf die Intensität der steuerlichen Überwachung aus. Nach Angaben des Netzwerks Steuergerechtigkeit stieg die Zahl der unbesetzten Stellen in den Ländern von 3.175 im Jahr 2009 auf 6.140 im Jahr 2020. Die Deutsche Steuergewerkschaft bemängelt, dass allein die Grundsteuerreform und die Bearbeitung der Corona-Hilfen eine Personalaufstockung erfordere.

FEHLENDE BETRIEBSPRÜFER

Bei der Steuererhebung spielen Betriebsprüfungs- und Steuerfahndungsstellen eine besondere Rolle. Die Häufigkeit bei Betriebsprüfungen hängt von der Größe des Betriebes ab. Als Großbetrieb wird man ab einem Gewinn von 335.000 Euro oder einem Umsatz von 8 Millionen Euro, als Mittelbetrieb ab einem Gewinn von 68.000 bis 335.000 Euro oder einem Umsatz von über 1,1 Millionen Euro, als Kleinbetrieb ab einem Gewinn von 44.000 oder einem Umsatz von über 210.000 Euro eingestuft. Darunter firmieren die Kleinstbetriebe, die praktisch nicht geprüft werden. Großbetriebe sollen kontinuierlich geprüft werden. Mittelbetriebe werden durchschnittliche alle 12 Jahre, Kleinbetriebe alle 30 Jahre geprüft. In Bayern werden Mittelbetriebe aber nur alle 20 Jahre und Kleinbetriebe nur alle 40 Jahre geprüft. Nach einem Bericht des Bayerischen Obersten Rechnungshofes waren im Jahr 2012 20 Prozent der Betriebsprüfungsstellen im Freistaat nicht besetzt. Im Endergebnis führt dies dazu, dass die Steuerzahlungen dieser Unternehmen mehr oder weniger dem eigenen Ermessen vorbehalten bleiben, weil Bilanzen und Einnahme-Überschuss-Rechnungen dem Innendienst so manches verbergen. Dabei sind die Steuern, die aufgrund von Betriebsprüfungen als »Mehrergebnisse« eingenommen werden, sehr beachtenswert. Im Durchschnitt erzielt ein Betriebsprüfer oder Steuerfahnder ein Mehrergebnis von 1,1 Millionen Euro im Jahr. Diese Mehrergebnisse könnten durch eine höhere Dichte an Prüfungen erheblich gesteigert werden. Auch für die Aufklärung des Cum-Ex-Skandals fehlt es sowohl an Steuerfahndern als auch an steuerrechtlich versierten Staatsanwälten, wie jüngst der ehemalige nordrhein-westfälische Justizminister Peter Biesenbach in der *Süddeutschen Zeitung* kritisierte.

Aber auch im Detail gibt es einige Mängel: Viel zu wenige Fälle werden an die Steuerfahndungsstellen weitergeleitet, obwohl § 10 der Betriebsprüfungsordnung dies bei einem Hinterziehungsverdacht fordert. Ebenfalls werden kaum Fälle an die Bußgeld- und Strafsachenstelle gemeldet, obwohl diese nach der Strafprozessordnung unverzüglich zu melden sind, wenn sich Anhaltspunkte für eine Straftat ergeben. Auch werden Kontrollmitteilungen über steuerlich relevante Sachverhalte nicht in einem erforderlichen Ausmaß geschrieben. Letztendlich einigt man sich bei der Schlussbesprechung der Betriebsprüfung auf einen Kompromiss. Man will niemanden kriminalisieren! Der bayerische Rechnungshof moniert diese Praktiken und die personelle Unterbesetzung im Steuervollzug schon seit Jahren. Auch beim Ankauf der sogenannten Steuer-CDs aus der Schweiz und Liechtenstein hielt sich der Freistaat Bayern vornehm

zurück. Bayern hätte die Mehreinnahmen nämlich mit dem Bund und den anderen Ländern teilen müssen, weil Einkommensteuer und Körperschaftsteuer Gemeinschaftsteuern darstellen. Zusammen mit dem Sonderweg bei der Erhebung der Grundsteuer kann man sagen, dass das Land Bayern einen sehr entgegenkommenden Kurs bei der Steuererhebung zugunsten der Unternehmen verfolgt. Der SPD-Politiker Volkmar Halbleib formulierte es schon 2013 drastisch: Es spreche einiges dafür, dass die Regierung »die politische Konzeption einer Steueroase Bayern verfolgt und damit im Ergebnis leider sogar Schutz- und Schirmherr der Steuerhinterzieher sein will«. Seitdem hat sich kaum etwas an dieser Situation verbessert. Im Gegenteil: Die CSU fordert auch für Erbschaften im Freistaat höhere Freibeträge, schließlich wären hier ja auch die Immobilien mehr wert als in den übrigen Teilen der Republik.
Die unterschiedliche Personalausstattung führt nicht nur zu Verzerrungen, manchmal führt sie auch zu Verlockungen. So ist es kein Geheimnis, dass große Firmen ihre Konzernzentralen nach Bayern verlegen, wie dies bei Starbucks und IKEA der Fall war, die 2012 und 2014 das damals noch sozialdemokratisch regierte Nordrhein-Westfalen verließen. Als ein gravierender Nachteil bei der Steuererhebung hat sich deshalb die fehlende Bundeskompetenz herausgestellt. Besonders die Zusammenarbeit der Länder untereinander lässt zu wünschen übrig. Bis vor kurzem gab es keine EDV-Systeme, die untereinander kompatibel waren. Das Bundesfinanzministerium sprach 2004 am Vorabend der danach eingerichteten Föderalismuskommission sogar von »Reibungsverlusten mit spürbaren finanziellen Folgen«. Es wurden lediglich Bundesbetriebsprüfungsstellen eingerichtet, die bei Außenprüfungen der größten Konzerne und Großunternehmen im gesamten Bundesgebiet mitwirken können.

Steuerhinterziehung und Steuergeheimnis

Die entgangenen Steuereinnahmen, die auf Steuerhinterziehung zurückzuführen sind, werden nach Angaben der Deutschen Steuergewerkschaft jährlich auf ca. 50 Milliarden Euro im Jahr geschätzt. Andere Schätzungen beziffern hier den Steuerausfall sogar mit 100 Milliarden Euro. Anders als in den USA und Großbritannien gibt es dazu keine offiziellen Zahlen oder Einschätzungen. In Deutschland gibt es auch keine offiziellen Daten, wie sich die Steuerhinterziehung auf die unterschiedlichen Bevölkerungsschichten verteilt. Nach einer Studie der amerikanischen Steuerbehörde schummeln

ca. sieben Prozent der Steuerpflichtigen im unteren Einkommensbereich. Bei den ein Prozent der höchsten Einkommen waren es über 20 Prozent, also etwa dreimal so viel. Für Deutschland dürften die Quoten nicht viel anders sein. Kaum zu verstehen ist es daher, dass Personen mit Einkünften über 500.000 Euro – abgesehen von Betriebsprüfungen – kaum in das Visier der Steuerprüfer genommen werden. Das Vermögen als Prüfungskriterium spielt keine Rolle, denn man weiß – wegen der fehlenden Vermögensteuer – nichts darüber. Die Entdeckungswahrscheinlichkeit für Steuerstraftaten liegt nach Angaben der Deutschen Steuergewerkschaft etwa bei zehn Prozent. Dies hat mehrere Ursachen. Zum einen liegt es an der mangelhaften Kommunikation der Behörden untereinander und zum anderen an der unzureichenden personellen Ausstattung der Steuerfahndungsstellen.
Zur mangelhaften Kommunikation trägt auch das deutsche Steuergeheimnis bei. § 30 der Abgabenordung besagt, dass »Verhältnisse eines Steuerpflichtigen« nicht unbefugt an Dritte weitergegeben werden dürfen. Solche »Dritte« sind grundsätzlich auch andere Behörden. Ausnahmen gibt es nur, wenn bereits ein gerichtliches Verfahren in Steuerangelegenheiten eingeleitet wurde oder wenn ein zwingendes öffentliches Interesse für eine Offenlegung spricht. Ein solches zwingendes öffentliches Interesse wird so gut wie nie für die Aufhebung des Steuergeheimnisses festgestellt.
In der Praxis erfährt die Öffentlichkeit kaum etwas über ein Steuerstrafverfahren, denn es gibt bei den Gerichten nur den lapidaren Hinweis am jeweiligen Sitzungssaal, dass ein Verfahren gegen einen Steuerpflichtigen »XY« verhandelt wird. Läuft ein gerichtliches Verfahren bereits, so kann die Öffentlichkeit nach § 172 des Gerichtsverfahrensgesetzes ausgeschlossen werden, wenn wichtige Informationen zur Sprache kämen, »durch dessen Erörterung überwiegende schutzwürdige Interessen verletzt würden«. Welche das sind, liegt im Ermessen des Gerichts. Zudem werden die allermeisten Urteile nicht veröffentlicht. Viele Fälle von Steuerverkürzungen oder dubiosen Steuermodellen landen aber erst gar nicht bei den Strafgerichten, sondern bei den Finanzgerichten, denn dort wird über noch legale, wenn auch manchmal dreiste Steuerminimierungspraktiken entschieden. Bei den Finanzgerichten kann jederzeit – auf Antrag eines Beteiligten – die Öffentlichkeit ausgeschlossen werden, was regelmäßig geschieht. Damit kommen auch die teilweise aggressiven Modelle der Steuervermeidungsindustrie erst gar nicht in die Öffentlichkeit.
Wegen des Steuergeheimnisses ist in Deutschland – anders als etwa in Schweden – nicht bekannt, wer wieviel (oder gar keine) Steuern bezahlt.

Dabei wäre es für die Öffentlichkeit besonders interessant, darüber informiert zu sein, z.B. wenn es um die Vergabe von Subventionen für bestimmte Firmen geht. Bei Veräußerungen von Immobilien müsste man wissen, ob die übernehmende Firma überhaupt Grunderwerbsteuer bezahlt, besonders wenn es sich um kommunalen Grundbesitz handelt. Und im Rahmen der Standortsuche bei Gewerbebetrieben wäre es auch wichtig zu wissen, ob eine Firma oder ein Steuerpflichtiger in welcher Höhe Gewerbesteuer bezahlt. Wenn aber ein Bürgermeister im Zuge einer Industrieansiedlung bei der Diskussion im Stadtrat dazu Stellung nehmen würde, dann würde er sich strafbar machen. Der Bürgermeister ist nämlich »Amtsträger« und damit an das Steuergeheimnis gebunden. So bleibt es dabei, dass eine faktenbasierte öffentliche Diskussion über Steuergerechtigkeit mangels Information kaum stattfinden kann.
Was die Transparenz im Steuerwesen betrifft, muss auch eine andere Facette betrachtet werden. Die Frage ist nämlich, ob die Steuerbehörden überhaupt an die notwendigen Informationen für eine gerechte Besteuerung kommen. Dies ist in der Abgabenordung, dem »Leitgesetz« des deutschen Steuerrechts, geregelt. § 93 der Abgabenordnung verpflichtet »andere Personen« als die im Steuerverfahren Beteiligten, Auskünfte zu erteilen. Andere Personen können auch Behörden und privatwirtschaftlich organisierte Unternehmen sein, etwa Kreditinstitute. Allerdings ist Voraussetzung, dass das »Auskunftsersuchen« beim Steuerpflichtigen zu keinem Erfolg geführt hat. Man könnte also meinen, dass den Finanzbehörden dadurch ein scharfes Schwert hinsichtlich der Steuerkriminalität zur Verfügung stehen würde. Tatsächlich handelt es sich aber um eine stumpfe Waffe. Seit dem 01.04.2005 müssen inländische Banken zwar Auskunft erteilen, allerdings nur darüber, ob der Steuerpflichtige dort ein Konto hat. Kontostände oder Transaktionen können nicht abgerufen werden. Der Bund der Steuerzahler fand dies »außerordentlich skandalös«, aber nicht wegen eingeschränkter Möglichkeiten der Finanzämter, sondern wegen der Auskunftsmöglichkeit an sich! Der eigentliche Skandal ist aber die Tatsache, dass Banken zwar im Erbfall dem Finanzamt melden müssen, ob der Erblasser ein Bankschließfach hatte, aber der Inhalt kann weiterhin geheim bleiben. Bis 2017 galt auch noch der § 30 a) der Abgabenordnung, der die Finanzbehörden dazu anhielt, »bei der Ermittlung des Sachverhalts (...) auf das Vertrauensverhältnis zwischen den Kreditinstituten und deren Kunden besonders Rücksicht zu nehmen«, was bedeutete, dass das überkommene Bankgeheimnis weiterhin fröhliche Urständ feiern konnte.

Ein Meilenstein könnte der zum 31.07.2021 obligatorisch gewordene internationale Datenaustausch im Finanzwesen sein. Dazu haben sich die Staaten der Europäischen Union und eine Reihe von Drittstaaten verpflichtet. Dabei müssen Kontendaten von Ausländern in ihre Heimatländer automatisch gemeldet werden. Die Meldepflicht gilt aber nicht für Immobilien. Das heißt, das Finanzamt weiß weiterhin wenig über das Vermögen der deutschen Staatsbürger im Ausland. Es bleibt abzuwarten, in welchem Umfang das Bundeszentralamt für Steuern die Kontendaten an die Länder weitergibt und wie diese die Informationen verwerten.
Bis in die jüngste Zeit hat man den Finanzbehörden gesetzliche Ermittlungsfesseln angelegt. Anders ausgedrückt: Der Gesetzgeber hat ganz bewusst darauf verzichtet, dass der Staat besonders bei den Wohlhabenden seiner Ermittlungspflicht nachkommt. Daher bedurfte es auch illegal erworbener Steuer-CDs aus Liechtenstein und der Schweiz, um die Finanzämter auf die Höhe der Zeit zu bringen.

Steuerstrafverfahren

Zur Steuererhebung gehört auch das Strafverfahren. Geregelt ist dies auch in der Abgabenordung. Es wird zwischen einer leichtfertigen Steuerverkürzung (§ 378 Abgabenordnung) und einer Steuerhinterziehung (§ 370 Abgabenordnung) unterschieden. Voraussetzung ist, dass durch das Handeln oder Unterlassen des Steuerpflichtigen dem Staat die ihm zustehenden Steuern entgehen. Bei der leichtfertigen Steuerverkürzung wird nur ein Bußgeld festgesetzt. Die Steuerverkürzung muss ohne Vorsatz geschehen, was der Fall ist, wenn unrichtige oder unvollständige Angaben aus »Unwissenheit« gemacht werden. Das Bußgeld wird nicht festgesetzt, wenn die unrichtigen Angaben berichtigt oder unterlassene Angaben nachgeholt werden, bevor ein Straf- oder Bußgeldverfahren eingeleitet wurde. Im Einzelfall kommt es darauf an, ob dem Steuerpflichtigen die »Unwissenheit« zugerechnet werden kann. Verrechnet sich ein Steuerpflichtiger in seiner Erklärung bewusst zu seinen Gunsten, so stellt dies nicht einmal eine leichtfertige Steuerverkürzung dar, denn Rechenfehler passieren eben überall. Die leichtfertige Steuerverkürzung hat für den Steuerpflichtigen keine weiteren Konsequenzen. Er muss lediglich die dann korrekt festgesetzte Steuer bezahlen. Im schlimmsten Fall kann ein Bußgeld festgesetzt werden.

Beim klassischen Fall der Steuerhinterziehung handelt der Steuerpflichtige mit Wissen und Wollen, also mit Vorsatz. Alle möglichen Formen von Tun und Unterlassen kommen in Frage. Zum Beispiel werden Umsätze nicht in voller Höhe angegeben, oder es werden Scheingeschäfte getätigt. Besonders ausgeprägt geschieht dies bei der Umsatzsteuer. Das Betrugssystem funktioniert so: Es wird eine Firma nur zum Schein gegründet. Für bestimmte Waren werden (auf dem Papier) Verkäufe getätigt und der Käufer – ebenfalls eine Scheinfirma – lässt sich die Vorsteuer vom Finanzamt erstatten. Der Verkäufer zahlt aber nicht die fällige Mehrwertsteuer. Man spricht von »Umsatzsteuerkartellen«. Manchmal wird die Vorsteuer mit Umsatzsteuervoranmeldungen bei mehreren Finanzämtern abgerechnet. Die Rechnungen müssen (zunächst) nicht vorgelegt werden. Bis die Finanzbehörden den Scheinverkäufen auf die Spur kommen, sind die Scheinfirmen längst vom Markt verschwunden. Das Problem ist hier nicht die kriminelle Energie der Steuerbetrüger, sondern die Ohnmacht der Finanzbehörden. In Deutschland arbeiten sie weder zeitnah noch digital! Anders in Italien. Dort gilt seit 2019 eine elektronische Rechnungsstellungspflicht. Stellt ein Unternehmer eine Rechnung aus, erhält sie nicht nur der Rechnungsempfänger, sondern gleichzeitig auch das Finanzamt. Nur so kann eine zeitnahe und effektive Kontrolle funktionieren.

Oft sind die Grenzen zwischen legaler Steuervermeidung und Steuerhinterziehung fließend, insbesondere wenn Gesetzeslücken vorhanden sind. Wirtschaftsprüfungsunternehmen und spezialisierte Rechtsanwaltskanzleien versuchen die Grauzonen zum Vorteil großer Unternehmen und ihrer wohlhabenden Klientel auszuloten. Der Cum-Ex-Betrug wäre hier einzuordnen, obwohl die Mehrfacherstattungen von Kapitalertragsteuern von vornherein nicht anders als kriminell einzustufen waren, wie es die jüngsten Gerichtsentscheidungen auch bestätigt haben. Nur hat die Finanzverwaltung Jahre gebraucht, um die betrügerische Masche zu durchschauen.

GERINGE STRAFEN BEIM STEUERBETRUG

Wird eine Steuerhinterziehung entdeckt, so sind die Strafen – verglichen mit anderen Delikten – aber eher gering. Bei einer Hinterziehungssumme von bis zu 1.000 Euro kommt es in der Regel zur Verfahrenseinstellung. Bei einer hinterzogenen Summe von bis zu 50.000 Euro wird im Normalfall eine Geldstrafe verhängt. Ab 50.000 Euro an hinterzogenen Steuern gibt es eine

Freiheitsstrafe oder eine Geldstrafe. Erst ab einer Summe von 100.000 Euro wird eine Freiheitsstrafe fällig, die aber fast immer zur Bewährung ausgesetzt wird. Nur bei einer Hinterziehungssumme von mehr als einer Million Euro ist nach der Rechtsprechung des Bundesgerichtshofes zwingend eine Freiheitsstrafe zu verhängen – so geschehen im Fall Uli Hoeneß.
Kein Vergleich mit den verhängten Strafen im Bereich der Sozialhilfe. Für das Verschweigen einer Bedarfsgemeinschaft mit einem Schaden von 9.000 Euro zu Lasten der Sozialkasse verhängte zum Beispiel das Amtsgericht Altena im Jahr 2020 eine Freiheitsstrafe von einem Jahr auf Bewährung. Kein Vergleich auch mit der Unterschlagung von fünf Brötchen durch eine Supermarktkassiererin, der dafür fristlos gekündigt wurde. Für Topverdiener gelten andere Regeln. Wenn ein Manager einer großen Firma eine Geldauflage für ein persönliches Fehlverhalten zahlen muss, so kann – nach höchstrichterlicher Rechtsprechung – das Unternehmen die Zahlung übernehmen. Das Fehlverhalten muss nur »betrieblich bzw. beruflich« veranlasst sein. Die 4,5 Millionen Geldauflage, die Herbert Diess, der ehemalige Vorstandsvorsitzende des VW-Konzerns, wegen seiner Verwicklung im Dieselabgasskandal zahlen musste, waren »betrieblich« veranlasst und somit als Betriebsausgabe von der Steuer absetzbar. Wie immer zu Lasten der Allgemeinheit. Im Zusammenhang mit den Strafverfahren muss noch eines festgehalten werden: 60 Prozent der Kosten unseres Justizsystems trägt der Steuerzahler. Da bilden die Steuerstrafverfahren keine Ausnahme.

Selbstanzeigen

Trotz der vergleichsweise geringen Strafen bei Steuerdelikten könnte man noch Vertrauen in die Rechtsstaatlichkeit der Steuererhebung haben. Allerdings wird dieses Vertrauen durch eine Vorschrift der Abgabenordnung angekratzt: die Selbstanzeige. § 371 der Abgabenordnung gewährt Straffreiheit, wenn der Steuersünder sein Tun oder Unterlassen dem Finanzamt gegenüber offenbart. Die Selbstanzeige sucht ihresgleichen in der deutschen Rechtsordnung. Lediglich beim Subventionsbetrug und bei der Hinterziehung von Sozialversicherungsbeiträgen gibt es ähnliche Regelungen. Würde es in anderen Rechtsbereichen eine strafbefreiende Selbstanzeige geben, dann könnte der Bankräuber seine Beute zur Bank zurückbringen und sagen, dass es ihm leidtäte. Bei einer Körperverletzung könnte der Täter das Opfer im Krankenhaus besuchen und reumütig die Behandlungskosten übernehmen. Bei der

steuerlichen Selbstanzeige braucht es nicht einmal Reue. Der Hintergrund für das Rechtsinstitut der Selbstanzeige ist die Sicherung der Steuereinnahmen gegen das Versprechen der Straffreiheit. Es gibt jedoch keine Untersuchungen darüber, ob dies in einem beträchtlichen Ausmaß gelingt oder gelungen ist. Bis zum Jahr 2000 wurde nicht einmal die Zahl der Selbstanzeigen erfasst, geschweige denn die Höhe der zusätzlichen Steuereinnahmen.
Erst durch die über Whistleblower neu erlangten Erkenntnisse und die verschärften Auskunftspflichten der Banken kam es zu einer Welle von Selbstanzeigen. Die strafbefreiende Wirkung ist allerdings an mehrere Voraussetzungen gebunden. Die Steuerhinterziehung darf noch nicht entdeckt sein und darf auch nicht kurz vor der Entdeckungsschwelle stehen. Dies ist etwa dann der Fall, wenn eine Prüfungsanordnung oder die Einleitung eines Verfahrens dem Steuerpflichtigen bereits mitgeteilt wurde. Außerdem müssen die steuerlichen Angaben vollständig sein und die dann fälligen Steuern rechtzeitig bezahlt werden.
Die Selbstanzeige wurde bis vor kurzem kaum hinterfragt und schützte viele Wohlhabende vor einer Strafe. Erst durch die spektakulären Steueraffären des letzten Jahrzehnts, wie etwa dem Fall Hoeneß, ist das »Gentleman's Agreement« der Selbstanzeige kritisch in der Öffentlichkeit diskutiert worden. Unter diesem Eindruck hat der Gesetzgeber beschlossen, die Vorschrift des § 371 Abgabenordnung zu verschärfen. Seit dem 01.01.2015 gibt es nur bei hinterzogenen Steuern bis zu 25.000 Euro einen gänzlichen Verzicht auf eine Strafbefreiung. Bei mehr als einer Summe von 25.000 Euro muss ein Zuschlag von 10 Prozent der nachgeforderten Steuer bezahlt werden. Ab einer Summe von 100.000 Euro beträgt der Zuschlag 15 Prozent und ab einer Million Euro 20 Prozent.
Zu einem förmlichen Strafverfahren kommt es dann nicht. Und der Delinquent gilt auch nicht als vorbestraft. Warum Hoeneß eine unwirksame Selbstanzeige abgegeben hat, ist nicht bekannt. Man vermutet, dass das Verschweigen seiner Einkünfte aus der Schweiz kurz vor der Entdeckung stand, bzw. dass das Finanzamt schon hinreichend relevante Hinweise für eine Hinterziehung hatte. Wegen des Steuergeheimnisses weiß man nicht mehr darüber. Von Seiten der steuerberatenden Berufe wird dringend davon abgeraten, den Begriff der Selbstanzeige gegenüber dem Finanzamt zu erwähnen. Denn sonst käme es automatisch zur Einleitung eines Bußgeld- oder Strafverfahrens. Besser sollte man von »Berichtigung« oder »Korrektur« sprechen. Gern wird auch die Floskel »durch eine neue steuerliche Beratung« verwendet, um ein solches Verfahren noch abzuwenden.

Ein ähnliches Instrument zur Erlangung von mehr Steuerehrlichkeit und einem höheren Steueraufkommen wurde zwischen dem 01.01.2004 und dem 01.01.2005 eingeführt. Vor dem Hintergrund der Kapitalflucht und der Einführung der Abgeltungsteuer sollte das »Gesetz über die steuerbefreiende Erklärung« vor allem den Wohlhabenden eine Brücke zu mehr Steuerehrlichkeit bauen. Diese konnten »unrichtige oder unvollständige Angaben über steuerlich erhebliche Tatbestände« richtigstellen und dadurch Straffreiheit erlangen – also eine Art Steueramnestie. Je nach Art der hinterzogenen Steuer wurde eine reduzierte Bemessungsgrundlage angesetzt, so dass weniger Steuer zu bezahlen wäre als bei einer ehrlichen Versteuerung von Anfang an. Ein Beispiel: Ein Unternehmer hat im Jahr 2000 10.000 Euro an betrieblichen Einnahmen nicht angegeben. Er kann 40 Prozent der Einnahmen als fiktive Betriebsausgaben ansetzen und muss nur 6.000 Euro nachversteuern und das auch nur mit einem pauschalen Satz von 25 Prozent. Das heißt, er musste nur 1.500 Euro »nachversteuern«. Trotz dieser goldenen Brücken kamen von den erhofften 5 Milliarden Steuernachzahlungen nur 900.000 Millionen zusammen.

Jedenfalls führt weder das Instrument der Selbstanzeige noch Angebote einer Teilamnestie zu mehr Steuerehrlichkeit, sondern nur der Druck, der durch ein effektives Verwaltungshandeln der Steuerbehörden zustande kommt. Entscheidend sind dabei die verbesserten Möglichkeiten bei der Informationsgewinnung durch bundesweiten und internationalen Datenaustausch. Die Digitalisierung der Steuerverwaltung muss endlich umfassend in Angriff genommen werden. Damit ist nicht in erster Linie der Zwang zur Abgabe einer elektronischen Steuererklärung gemeint, sondern alle steuerlich relevanten Daten von Steuerpflichtigen, von Behörden und Kreditinstituten müssen digital und praktisch in Echtzeit für die Finanzämter zur Verfügung sein. Natürlich braucht es dazu eine optimale personelle Ausstattung der Finanzämter.

10. Hindernisse auf dem Weg

10. Hindernisse auf dem Weg zu einem gerechten Steuersystem

Die bisherige Bestandsaufnahme hat gezeigt, dass sowohl bei der Gesetzgebung als auch beim Steuerverwaltungsverfahren die Wohlhabenden bevorzugt bzw. geschont werden. Auf der anderen Seite bringt unser Steuersystem viele Nachteile für Klein- und Geringverdiener. Nun geht es darum zu zeigen, wie es zu einer solchen Entwicklung kommen konnte, bzw. darzulegen, wer verantwortlich dafür ist, dass die Bedürftigen so wenig vom austeilenden Steuerstaat bekommen.

Die Steuervermeidungsindustrie

Für die Steuergesetzgebung, so wie wir sie haben, sind in erster Linie die Mehrheitsverhältnisse im Bundestag und Bundesrat verantwortlich. Auf die Abgeordneten, aber auch auf die Regierung ist der Einfluss der Lobbyorganisationen groß. Dass unser Steuersystem weitgehend zugunsten der Wohlhabenden und Reichen ausschlägt, liegt jedoch auch an den Gegebenheiten und Spielräumen, die innerhalb des gesetzlich vorgegebenen Rahmens bestehen. Fangen wir mit dem bestehenden System an.

Unternehmen können ihre organisatorische Strategie an gesetzlichen Vorgaben anpassen. Weil Unternehmensgewinne vor und nach Steuern sehr unterschiedlich ausfallen, haben alle großen Unternehmen eine eigene Steuerabteilung. Dazu lassen sie sich auch meistens noch von renommierten Steuerberatungs- bzw. Wirtschaftsprüfungsgesellschaften beraten. Auch kleinere Unternehmen kommen ohne steuerliche Beratung nicht aus. Während bei kleineren Steuerkanzleien eher die buchungstechnische Seite von Firmen und die Erstellung von Steuererklärungen für Normalbürger die Hauptarbeit ausmacht, geht es bei Großbetrieben und Konzernen um Steuervermeidungsstrategien im großen Stil. Während die Normalbürger sich mit oder ohne Hilfe eines Steuerberaters mit ihrer Steuererklärung abmühen, »steuern« die Großen ihre Steuern selbst oder bedienen sich einer ganz besonderen Zunft. Für die Steuergestaltung im engeren Sinne haben sich spezialisierte Kanzleien und Wirtschaftsprüfungsgesellschaften etabliert. Die OECD nennt ihr Geschäftsfeld »Aggressive Tax Planning«. Auf diesem Feld sind auch die *Big Four* tätig. Damit sind die weltweit tätigen Beratungsfirmen PriceWaterhouseCoopers (PWC), Deloitte, Ernst & Young (EY) sowie KPMG gemeint. Weltweit beschäftigen sie ca. 700.000 Mitarbeiter, in Deutschland sind es mehr als

43.000. Ihre internationale Ausrichtung, ihre Kenntnisse der jeweiligen nationalen Gesetzgebung und Rechtsprechung sowie der einschlägigen Doppelbesteuerungsabkommen machen sie für Konzerne unentbehrlich. Internationales Steuerrecht ist klassisches Herrschaftswissen. So können sie mit ihren Kompetenzen wie »Steuerplanung«, »steuerorientierte Prozessoptimierung«, »internationale Steueroptimierung« und »Transfer Pricing« (Gestaltung konzerninterner Verrechnungspreise) auch Werbung machen, wie Deloitte dies ausdrücklich tut. Deutsche Konzerne lassen sich nach Informationen des *Handelsblattes* die Beratung der *Big Four* jährlich ca. 5 Milliarden Euro kosten. Dabei kommen die internationalen Beratungsfirmen oft selbst in Legalitätsprobleme. Die Firma Ernst & Young war in mehrere Bilanzskandale verwickelt. So wurden ihr in der Finanzkrise 2007 Verschleierungen bei der Testierung der Lehman Brothers Bank vorgeworfen. Ernst & Young musste dafür 10 Millionen Dollar an den Staat New York und 100 Millionen Dollar an Anleger als Entschädigung bezahlen. Die Beratungsfirma wurde auch wegen ihrer Involvierung in den Wirecard-Skandal kritisiert. Der Name Deloitte tauchte auch im Rahmen der Cum-Ex-Ermittlungen auf. Mittlerweile werben auch Dutzende von spezialisierten Rechtsanwalts- und Steuerkanzleien für aggressive Steueroptimierungsstrategien. Man schätzt das Sparvolumen solcher Modelle auf 90 bis 160 Milliarden Euro jährlich. Aus systemischer Perspektive besteht der Skandal aber darin, dass die großen Wirtschaftsprüfungsgesellschaften für die gleichen Firmen sowohl beratend als auch testierend tätig sein dürfen. Immerhin gibt es in der Europäischen Kommission jetzt Überlegungen, diese Doppelrolle zu verbieten.
Die Steuervermeidungsindustrie scheint der Steuerverwaltung bisweilen fachlich überlegen zu sein. Die Expertise der Verwaltung kann aber manchmal, vor allem wenn sie spezialisiert ist, durchaus mithalten. Dieses Spezialwissen kann jedoch auch eingekauft werden. So geschehen bei der ehemaligen stellvertretenden Leiterin der Steuerfahndungsstelle Wuppertal. Diese Dienststelle war in Nordrhein-Westfalen zentral mit der Auswertung der sogenannten Steuer-CDs betraut. Nachdem die Steuerfahnderin nicht mehr das Vertrauen der 2017 an die Macht gekommenen CDU-geführten Regierung hatte, wurde sie abgeworben. Von einer der *Big Four*!
Zu den Strategien der Rechtsanwälte und Steuerberater gehört auch das Suchen und Auffinden von Gesetzeslücken. Ein Beispiel: Der Gesetzgeber begünstigt »haushaltsnahe Dienstleistungen« nach § 35 a Einkommensteuergesetz. Weil es sich dabei um einen unbestimmten Rechtsbegriff handelt, können Steuerberater und Rechtsanwälte diesen nach eigenem Ermessen

interpretieren. Steuerbehörden und Gerichte verschwenden viel Zeit und Ressourcen damit, dieser Interpretationskunst zu begegnen. Herausgekommen ist – nach höchstrichterlicher Entscheidung – die steuerliche Absetzbarkeit von Hunde-Gassigehen, Klavierstimmen und nicht zu vergessen: der Gärtner auf Mallorca.

Ein anderes Beispiel: Sonn-, Feiertags- und Nachtzuschläge waren und sind in Deutschland zwischen 25 bis 100 Prozent lohnsteuerfrei. Bis zum Jahr 2003 gab es dafür keine Deckelung des Stundenlohns. Die Regelung, die für Krankenschwestern, Feuerwehrleute und Nachtportiers gedacht war, wurde durch die Steuerberatungsgesellschaft KPMG des Fußballbundesligisten Borussia Dortmund auf die millionenverdienenden Profis des Clubs umgemünzt. Andere Fußballclubs zogen schnell nach. Da die Fußballprofis Arbeitnehmer sind, müssen die Lohnsteuerrichtlinien auch für sie gelten. Wegen der Sonntagsspiele und der Champions-League-Spiele am Abend konnten die Fußballprofis Zigtausende von Euros an Lohnsteuern sparen – alles ganz legal, wenn auch anrüchig und ungerecht. Durch den Gesetzgebungsvorschlag des damaligen Finanzministers Hans Eichel wurde der maximal begünstigte Stundenlohn auf 50 Euro festgelegt. Wie so oft konnte der Gesetzgeber erst spät auf die Künste der Steuertrickser bzw. deren Berater reagieren.

Auch für Privatpersonen ist nach Ansicht einer Steuerberatungsgesellschaft die Steueroptimierung die wichtigste Voraussetzung für einen »gelungen Vermögensaufbau«. Dazu gibt es Dutzende von Veröffentlichungen mit den schönen Titeln: »Steuern – nein danke«, »Steuern neu denken«, »Steuer Schutzbrief« und das legendäre Werk von Franz Konz »Tausend ganz legale Steuertricks«. Der in Millionenauflage erschienene Bestseller lädt ganz unverblümt zu aggressiver Steuervermeidung ein. Man hat den Eindruck, dass durch solche »Anleitungen« Steuersparen geradezu zu einer Art Volkssport geworden ist. Die Banken spielen dabei eine unrühmliche Rolle. Ohne ihre Hilfe hätten die Kapitalverschiebungen in die Schweiz, nach Liechtenstein und Luxemburg nicht stattfinden können.

Dabei ist dieser Steuervermeidungswahnsinn gerade für Unternehmer nicht immer optimal. Manche Firmeninhaber entscheiden nicht mehr nach unternehmerischen Kriterien. Nach Paul Kirchhof setzt sich oft die Sichtweise der Steuerberater durch, »sie sagen ihm (dem Unternehmer), siedle dein Unternehmen im Ausland an, versteuere dort deine Gewinne und mache im Inland Verluste, nimm mehr Fremdkapital auf usw.«. Das Ergebnis einer solchen Beratung ist betriebswirtschaftlich oft fragwürdig, und die Unternehmer werden oft pauschal als raffgierige Steuervermeider gebrandmarkt.

Steuerlobbyisten bremsen

Neben dem Auffinden von Gesetzeslücken, dem Ausnützen unklarer Formulierungen und der eigennützigen Interpretation unbestimmter Rechtsbegriffe ist der Einfluss von Lobbyorganisationen auf die Steuergesetzgebung der entscheidende Faktor für unser ungerechtes Steuersystem. Dies kann auf der Ebene der Europäischen Union erfolgen, weil die EU immer mehr auch mit Richtlinien auf eine europäische Steuerharmonisierung drängt. Die europäischen Niedrigsteuerländer wie Irland, Luxemburg und die Niederlande werden im Ministerrat zu Lobbyisten in eigener Sache. Daneben haben sich Unternehmerverbände europaweit zusammengeschlossen. Einer ihrer Hauptsprecher ist das »European Business on Taxation«. Auch die *Big Four* mischen auf der europäischen Ebene kräftig mit. PWC, KPMG, EY und Deloitte versuchten bei der Diskussion um die Einführung von Länderberichten, bei denen es darum ging, offenzulegen, welche Unternehmen wieviel in den einzelnen Ländern Steuern zahlen, Einfluss zu nehmen. Sie nennen ihre Einflussnahme die »Mitgestaltung des regulativen Umfeldes« und plädierten in diesem Sinne für möglichst wenig Transparenz, weil ja Betriebs- und Geschäftsgeheimnisse tangiert sein könnten. Nach Informationen des Netzwerks Steuergerechtigkeit treten sie auch als Berater der EU-Kommission auf. Im Jahr 2014 haben sie dafür von der *Generaldirektion für Steuern und Zölle* sieben Millionen Euro für »Ausarbeitungen« erhalten. 2018 waren es sogar 10,5 Millionen Euro. Im Zuge der Ermittlungen der LUX-Leaks wurde auch die Beraterfirma PriceWaterhouseCoopers genannt. Pikant ist auch, dass Ex-EU-Finanzkommissar Jonathan Hill nach seiner Amtszeit zu der Beraterfirma Deloitte wechselte.

In Deutschland tut sich die *Initiative Neue Soziale Marktwirtschaft* als Lobbyverband hervor. Diese Organisation wird von den Arbeitgeberverbänden der Metall- und Elektroindustrie finanziert. Nach eigenen Angaben flossen im Jahr 2017 sieben Millionen Euro in die Lobbyarbeit der Organisation. Lobbyiert wird zum Beispiel gegen die Einführung der Vermögensteuer. Sie sei »sozial ungerecht«, weil sie Arbeitsplätze vernichten und das Wirtschaftswachstum hemmen würde. Mit großen Anzeigen in der *BILD*-Zeitung griff die Initiative in den Wahlkampf 2017 ein. Der »unsoziale« Einkommensteuertarif wurde gerügt, dabei wurde nur auf den Spitzensteuersatz verwiesen; der weit darunter liegende Durchschnittssteuersatz für Normalbürger wurde gewissenhaft verschwiegen. Natürlich wurde auch nicht auf den umgekehrten Progressionseffekt der Steuerfreibeträge Bezug genommen. Die Initiative

Neue Soziale Marktwirtschaft malte auch nur negative Effekte bei der Einführung eines Mindestlohns an die Wand. Acht Jahre nach seiner Einführung in Deutschland konnte kein Wirtschaftsinstitut diese Befürchtung empirisch bestätigen. Sogar die FDP hat sich in den Koalitionsverhandlungen von 2021 für eine weitere Erhöhung auf zwölf Euro ausgesprochen.

Eine weitere Lobbyorganisation ist im *Haus der Familienunternehmen* zu sehen. Die (gemeinnützige!) Stiftung hat ihren Sitz in München und Berlin. Ihr offizieller Zweck ist die »Förderung von Wissenschaft und Forschung zum Thema Familienunternehmen«. Nach der Einschätzung von Lobby Control ist ihr einziges Ziel, eine stärkere Besteuerung von Reichtum abzuwehren. Neben der Beeinflussung der Gesetzgebung werden gezielt Forschungsaufträge vergeben, die dem Anliegen der Familienstiftung den Anschein wissenschaftlich untermauerter Positionen geben. Auch diverse Journalistenschulen werden unterstützt. Man braucht schließlich Verbündete, um in der öffentlichen Diskussion gegen Vermögen- und Erbschaftsteuer Position beziehen zu können. Die Organisation vertritt auch eurokritische Positionen, wie das etwa auch die AfD tut. Der ehemalige Leiter der Berliner Repräsentanz, Matthias Lefarth, war zeitweise AfD-Landesvorsitzender in Berlin.

Die Reform des Erbschaftsteuergesetzes 2008 wurde vom Haus der Familienunternehmen als großer Erfolg gefeiert. In der vorgelagerten Diskussion wurde die Erbschaftsteuer als »bürokratisches Monster« dargestellt, das Arbeitsplätze gefährden würde. Das Bundesverfassungsgericht sah dies allerdings anders und stufte die Besserstellung von Betriebsvermögen als verfassungswidrig ein. Als daraufhin das Erbschaftsteuergesetz 2016 neu gefasst werden musste, zog die Familienstiftung wieder alle Register ihrer Lobbykunst. Im Vorfeld gab es diverse Treffen mit den Unions-Staatssekretären des Finanzministeriums sowie dem damaligen Finanzminister Wolfgang Schäuble selbst. Der damalige bayerische Ministerpräsident, Horst Seehofer, ließ es sich nicht nehmen, Vertreter der Stiftung in der Münchner Staatskanzlei zu empfangen. Nachdem das neue Erbschaftsteuergesetz mit wenigen Änderungen verabschiedet wurde, konnte die Familienstiftung einen erneuten Erfolg verbuchen.

Noch eins muss man in dem Zusammenhang bemerken: Den Organisationen, wie Attac und Campact, die sich für eine gerechtere Besteuerung, insbesondere für eine Finanztransaktionssteuer und gegen Geldwäsche eingesetzt haben, wurde die Gemeinnützigkeit aberkannt. Die Familienstiftung darf aber mit diesem Siegel um steuerbegünstigte Spenden werben. Als »gemeinnützig« anerkannt ist auch der *Bund der Steuerzahler*. Der Verein hat 230.000 Mitglieder und wendet sich einerseits gegen Steuerverschwendung und zu hohe Staatsausgaben. Andererseits betreibt er Interessenspolitik für Einkommensreiche und Vermögende. Seine Mitgliederstruktur widerspiegelt nicht die steuerzahlende Bevölkerung. Mittelständische Unternehmen und Freiberufler sind stark überrepräsentiert. Der selbsternannte Bund der Steuerzahler ist also in Wahrheit vielmehr ein Bund weniger potenter Steuerzahler. Steuerpolitisch steht der Bund der Steuerzahler der FDP nahe.

Manche Unternehmer betreiben Steuerlobbying gleich ganz direkt. Dies geht besonders gut über persönliche Beziehungen zu führenden Politikern. Ein Beispiel dafür ist Carsten Maschmeyer, Gründer der AWD, eines der in den 2000er Jahren größten deutschen Versicherungsunternehmen. Maschmeyer finanzierte den Wahlkampf des späteren Bundeskanzlers Gerhard Schröder. In dieser Zeit wurde die Einführung der später als Riester- und Rürup-*Rente* bekannt gewordenen privaten Rentenversicherung diskutiert. Den damaligen Ministerpräsidenten von Niedersachsen, Christian Wulff, sprach Maschmeyer bei einem Treffen im Jahr 2005 persönlich an: »Es wäre äußerst hilfreich, wenn du die Notwendigkeit der privaten Vorsorge in Deutschland darstellen könntest.« Einige Zeit später bedankte sich der mittlerweile zum Milliardär aufgestiegene Maschmeyer bei Wulff mit einer Urlaubseinladung in seine Villa auf Mallorca, und dem Altkanzler Schröder kaufte er »ganz uneigennützig« die Rechte an dessen Memoiren ab.

Lobbyorganisationen wollen aber nicht nur den Gesetzgebungsprozess beeinflussen, sondern auch die öffentliche Meinung. Insbesondere wird die Angst vor höheren Steuern geschürt. Lobbygruppen nützen geschickt das sogenannte Mittelschicht-Paradox aus. Damit ist die subjektive Einschätzung vieler Menschen gemeint, die sich der Mittelschicht angehörig fühlen, auch wenn sie nach objektiven Kriterien nicht dazu gehören. Und in unserem Fall auch gar nicht von Steuererhöhungen betroffen wären. Wir haben dies bei der Einschätzung der Erbschaftsteuer gesehen. Es wird Stimmung gemacht, die man mit »die nehmen uns was weg« beschreiben könnte.

Die Zwänge des Parteiensystems

In modernen politischen Systemen werden Regierung und Parlament von den politischen Parteien dominiert. In Deutschland werden die steuerpolitischen Vorstellungen der Parteien praktisch immer erst über Koalitionskonstellationen gesetzliche Wirklichkeit. Im föderativen System sprechen die Länder – mit ihrer parteipolitischen Färbung – über den Bundesrat bei der

Gesetzgebung ebenfalls ein gewichtiges Wort mit. Politische Parteien könnten daher – mindestens theoretisch – das Steuersystem grundlegend verändern. Die steuerpolitische Geschichte der Bundesrepublik zeigt aber, dass dies schwer zu realisieren ist. Der Zwang zu Koalitionsregierungen schleift die radikaleren Forderungen einzelner Parteien immer wieder ab. Dies zeigen auch die Vereinbarungen der Ampelkoalition. SPD und Bündnis 90/Die Grünen plädierten im Wahlkampf für die Erhöhung der Grenzsteuersätze auf 45 bzw. 48 Prozent ab einem zu versteuernden Einkommen von 250.000 bzw. 500.000 Euro und für die Wiedereinführung der Vermögensteuer sowie die Abschaffung des Ehegattensplittings. Auch die Abschaffung der Abgeltungsteuer von 25 Prozent bei den Kapitaleinkünften wurde gefordert. Die Linke hatte noch weitergehende Forderungen und machte sich für eine einmalige Vermögensabgabe stark, die zur Finanzierung der Kosten der Corona-Pandemie verwendet werden sollte. CDU/CSU und FDP plädierten für Steuersenkungen bei Unternehmen und für die Abschaffung des Solidaritätszuschlages. Sie wandten sich gegen die Reformierung der Erbschaftsteuer und lehnten die Wiedereinführung der Vermögensteuer ab. Dafür waren und sind sie für die Beibehaltung des Ehegattensplittings. Die FDP wollte noch zusätzlich die Gewerbesteuer abschaffen. Die AfD wollte gar die Grundsteuer, die Grunderwerbsteuer, die Erbschaftsteuer und den Solidaritätszuschlag abschaffen und die Deutsche Mark wieder als Zahlungsmittel einführen.

Im Regierungsprogramm der aus SPD, Grünen und FDP zusammengesetzten Ampelkoalition findet sich allerdings keine Abkehr vom bestehenden Steuersystem: keine Vermögensteuer, keine Erhöhung der Erbschaftsteuer und keine Tariferhöhungen bei der Einkommensteuer. Dafür aber die Beibehaltung des Ehegattensplittings und die Erhöhung des Sparerfreibetrages. Man kann also sagen, dass sich steuerpolitisch die FDP auf ganzer Linie durchgesetzt hat. Grünen und SPD waren diese Themen wohl nicht wichtig genug. Als *trade off* bekamen die Grünen Zugeständnisse beim Klimaschutz, und die SPD war mit ihrer Mindestlohnforderung erfolgreich. In Bezug auf den Koalitionsvertrag meinte dazu der Vorsitzende der Gewerkschaft Verdi, Frank Werneke: »Es wird nicht mehr Steuergerechtigkeit geben«, und er beklagte vor allem die vertanen Chancen bei der Erbschaftsteuer und der Vermögensteuer.

Nicht nur die Rücksichtsnahmen der deutschen Koalitionszwänge bremsen grundlegende Veränderungen im Steuersystem. Der Wahlkampf selbst kann bezüglich der Steuerproblematik tückisch sein. Dies widerfuhr CDU/CSU im Jahr 2005. Der Steuerexperte und ehemalige Richter am Bundesverfassungsgericht, Prof. Paul Kirchhof, wurde im Vorfeld des Wahlkampfs als Schattenfinanzminister im angestrebten Kabinett von Angela Merkel gehandelt. Er wollte das deutsche Steuersystem radikal vereinfachen. Dazu sollte ein grob gestaffelter Einkommensteuersatz von 15, 20 und 25 Prozent eingeführt werden. Zu diesem Zwecke hätten 534 Ausnahmetatbestände und Privilegien bei mehreren Steuerarten wegfallen sollen. Der Vorschlag des Steuerprofessors lief also auf eine Art *Flat Tax* hinaus. Dieser Ansatz wurde aber zu Recht mehrheitlich als ein Steuergeschenk für die Wohlhabenden gesehen. Und der damalige Bundeskanzler Gerhard Schröder konnte den Steuerexperten leicht als »den Professor aus Heidelberg« abkanzeln. Mehr ins Gewicht fiel allerdings, dass Kirchhof seinem 32 Mitarbeiter umfassenden Expertenteam verbot, auch nur eine der 534 Streichungspositionen öffentlich zu machen. Ein großer Fehler, denn zu viele Bürger und vor allem Lobbygruppen fürchteten um ihre Vergünstigungen, und die Union sackte in der Wählergunst ab. Angela Merkel wäre beinahe nicht Bundeskanzlerin geworden. Ähnlich erging es den Grünen im Wahlkampf 2013. Die Partei wollte endlich mal zeigen, dass sie mehr zu bieten hat, als eine reine Umweltpartei zu sein. Man wollte Wirtschaftskompetenz beweisen, und dazu gehört eben auch ein ausgefeiltes Steuerprogramm. Doch das Wahlprogramm wurde in Sachen Steuern als zu komplex wahrgenommen. Zu viele Details wie »Abschmelzung des Ehegattensplittings« überforderten selbst Journalisten. Das eigentlich ausgewogene Programm mit Steuersenkungen für Geringverdienende und moderaten Erhöhungen für Besserverdienende wurde von konservativen Zeitungen, der Industrie- und Handelskammer, dem Verband der Familienunternehmen und den Unionsparteien nicht nur schlechtgeredet, sondern richtig verteufelt. Die Grünen hatten schnell ein »Steuererhöhungs-Stigma« weg, und selbst eine maßvoll bemessene Vermögensteuer wurde zum »Vorboten des Sozialismus« diffamiert. Die Grünen erreichten nur 8,4 Prozent der Wählerstimmen, obwohl sie noch vier Monate vor der Wahl bei 15 Prozent lagen.

Nur einmal gelang es einer Partei, mit dem Thema Steuern im Wahlkampf zu punkten. Die FDP versprach 2009 große Steuersenkungen – unter anderem die Senkung der Mehrwertsteuer auf Benzin und Diesel auf sieben Prozent – und erzielte tatsächlich ihr bestes Wahlergebnis: 14,6 Prozent. Der Slogan »einfacher, gerechter, niedriger« kam bei den Bürgern an. Sogar das Kindergeld sollte erhöht werden. Das Steuersenkungsvolumen belief sich auf 30 Milliarden Euro. Allerdings konnte sie ihr Versprechen nicht einlösen. Ihr Koalitionspartner CDU/CSU setzte sich nach der Finanzkrise mit seinem Sparkurs durch.

Besonders die skandalöse Mehrwertsteuersenkung auf sieben Prozent für das Hotelgewerbe wurde allein der FDP zugerechnet. Mit dem Ergebnis, dass die Liberalen vier Jahre später an der 5-Prozent-Hürde scheiterten. Das alte Image als Klientelpartei und »Partei der Besserverdienenden« war wieder da und wirkte sich am Wahltag aus.

Wie wir gesehen haben, ist die Steuerverwaltung nicht optimal aufgestellt, wenn es um eine gleichmäßige Besteuerung geht oder gar um Steuerhinterziehung. Manchmal greift auch die politische Führung der Verwaltung direkt oder indirekt in die Steuererhebung ein. Zwei Beispiele: Mitte der 70er Jahre war Klaus Förster der Leiter der Steuerfahndungsstelle St. Augustin bei Bonn. Er deckte auf, dass die CDU über eine »Staatsbürgerliche Vereinigung« verdeckte Parteispenden erhielt. Die Gelder stammten zum großen Teil von der Firma Flick und lösten die sogenannte Flick-Affäre aus. Karl Friedrich Flick verkaufte 1975 einen Großteil seiner Daimler-Aktien und bekam dafür weitgehende Steuerbefreiungen. Im Gegenzug spendete er Millionenbeträge an CDU/CSU, FDP und SPD, die nicht deklariert wurden. Die Aufdeckung des Spendenskandals führte nicht etwa zur Beförderung oder Belobigung des Steuerfahnders, sondern zu seiner Versetzung in den Innendienst des Finanzamtes Köln. Förster schied frustriert freiwillig aus dem Staatsdienst aus und wurde Steueranwalt. Eine ähnliche politische Einflussnahme ereignete sich ca. 20 Jahre später in Hessen. Steuerfahnder des Finanzamts Frankfurt deckten Geldtransfers im großen Stil nach Liechtenstein auf. Im Zuge der Ermittlungen wurde publik, dass auch die hessische CDU Bankkonten in Liechtenstein unterhielt. Das CDU-geführte hessische Finanzministerium griff dergestalt in die Ermittlungen ein, dass ein Anfangsverdacht wegen Steuerhinterziehung nur noch bei Transferbeträgen von über 300.000 bzw. 500.000 DM angenommen werden dürfe und dass Statistiken über Mehrergebnisse zu unterbleiben hätten. Die Steuerfahnder wollten diese Ermittlungsbehinderungen nicht hinnehmen und wandten sich an den damaligen Ministerpräsidenten Roland Koch und an den Petitionsausschuss des Landtages. Vergebens! Mehrere Fahnder wurden zwangsversetzt. Zwei von ihnen, Rudolf Schmerger und Franz Wehrheim, wurden gegen ihren Willen wegen »Dienstunfähigkeit« in den Ruhestand versetzt. Sie prozessierten dagegen, und erst im Jahr 2015 wurden sie gerichtlich rehabilitiert, kehrten aber nicht in den Staatsdienst zurück. Die Spitze der Regierung pfeift auch gerne eigene Kritiker zurück: Im Armuts- und Reichtumsbericht 2017 war der Passus enthalten, dass Menschen mit mehr Geld einen stärkeren Einfluss auf politische Entscheidungen haben als Einkommensschwache. Eigentlich eine Binsenwahrheit! Das CDU-geführte Bundeskanzleramt drängte jedoch darauf, dass dieser Satz gestrichen wurde.

Soziologische Faktoren verhindern Steuergerechtigkeit

Neben den Zwängen des Parteiensystems gibt es noch weitere Hindernisse auf dem Weg zu einem gerechteren Steuerstaat. Einige kann man soziologisch begründen. Zunächst wählersoziologisch: Die Wohlhabenden und besonders die Vermögenden gehen nämlich in viel größerem Ausmaß zur Wahl als die Geringverdienenden. Besonders groß ist die Wahlabstinenz bei Bürgern mit prekären Lebensverhältnissen. Ein Beispiel aus der Stadt Düsseldorf: Im Nobelviertel Garath gingen bei der Bundestagswahl 2017 91,8 Prozent und im Problemviertel Volmerswerth nur 58,9 Prozent der Bürger zur Wahl. Die Unterschiede bei der Wahlbeteiligung zwischen Arm und Reich bewegen sich seit Jahren durchschnittlich zwischen 20 und 30 Prozent. In Bremen lag der Unterschied 2019 sogar bei 40 Prozent. Dies Bild ist aber insofern nicht ganz richtig, weil große Teile der in prekären Lebensverhältnissen Lebenden aus dem Migrantenmilieu stammen, die überhaupt nicht wählen dürfen. Je prekärer die Lebensverhältnisse, desto eher bleibt jemand der Wahl fern – freiwillig oder gezwungen. Beim Einkommen drückt sich dieser Trend bei Bundestagswahlen so aus: Bei monatlichen Nettoeinkünften von über 5.000 Euro haben wir eine Wahlbeteiligung von 94,4 Prozent, bei über 4.000 Euro eine von 90,2 Prozent und bei weniger als monatlich 1.125 Euro eine von 67,4 Prozent. Nach einer Studie des Deutschen Instituts für Wirtschaftsforschung wählt das oberste Zehntel der Einkommensbezieher mit 55 Prozent überdurchschnittlich Union und FDP. Beim obersten Zehntel, gemessen am Vermögen, sind es sogar 66 Prozent. Wegen der Wahlbeteiligung und des konservativen Trends sprach eine Studie der Bertelsmann-Stiftung aus dem Jahr 2013 von einer »Demokratie der Besserverdienenden«. Wichtiger als die erhobenen bzw. nachgefragten Zahlen ist aber, dass die Parteien wegen der tendenziellen Wahlabstinenz der Geringverdienenden in ihrer Steuerpolitik keine Rücksicht auf diese Klientel nehmen müssen und tatsächlich auch nicht nehmen.

Umgekehrt ist die steuerliche Bevorzugung der Besserverdienenden und Wohlhabenden aus der Sozialstruktur der Abgeordneten zu verstehen. Die Zusammensetzung des Deutschen Bundestages widerspiegelt ganz und gar nicht die sozialdemografischen Gegebenheiten der Bevölkerung. Im gegenwärtigen Bundestag gibt es eine Akademikerquote von 88 Prozent gegenüber 20 Prozent in der Gesamtbevölkerung. Einfache Berufe sind im Bundestag kaum vertreten. Damit fehlen auch Erfahrungen, Lebenswelten und Perspektiven ganzer Gruppen. Deutlich wird der Unterschied auch beim Einkommen. Bundestagsabgeordnete erhalten derzeit eine »Abgeordneten-Entschädigung« von 10.012 Euro im Monat. Dazu kommt noch eine Kostenpauschale in Höhe von 4.560 Euro. Über ein Drittel der Abgeordneten hat noch zusätzliche meldepflichtige Einkünfte. Damit liegen sie im obersten Zehntel bei der Einkommensverteilung und gehören sicherlich zu den Wohlhabenden. Der monatliche Durchschnittsverdienst liegt demgegenüber in Deutschland bei einer Vollzeitbeschäftigung bei 3.975 Euro brutto im Monat. Über das Vermögen der Abgeordneten gibt es keine Daten. Vermögen als Einflussgröße für Stimmverhalten wird auch sonst gerne ausgeblendet. Auf Berufsgruppen bezogen, dominieren die Freien Berufe wie Rechtsanwälte und Steuerberater und vor allem die Beamten mit ihrer spezifischen Sozialisation und ihren speziellen Interessen. Daher ist es auch kein Wunder, dass beispielsweise die Privilegien von Beamten kaum angetastet werden. Oder noch deutlicher: Auch für Bundestagsabgeordnete gibt es eine beamtenähnliche Versorgung und großzügige Beihilferegelungen bei den Krankheitskosten zusammen mit weiteren Privilegien. Es bedarf daher schon einer besonderen Reife und politischen Bewusstseins als Bundestagsabgeordneter, gegen die eigenen Privilegien zu stimmen und sich für ein gerechteres Steuersystem einzusetzen. Aber es gibt auch noch andere Ursachen für die Schieflage unseres Steuersystems.

Systemkomplexität begünstigt die Wohlhabenden

Unser Steuersystem ist hochkomplex. Von der überwiegenden Mehrheit der Bevölkerung wird es nicht verstanden. Steuern werden nicht nur, wenn es um das Zahlen derselben geht, als lästig empfunden, sondern auch die Beschäftigung damit wird oft als frustrierend erlebt. Daher geben viele Bürger erst gar keine Steuererklärung ab, obwohl die meisten Arbeitnehmer mit einer Erstattung rechnen könnten. Je höher das Einkommen, desto höher liegt auch die Quote der Inanspruchnahme der steuerberatenden Berufe. So wird das Steuersystem auch im praktischen Sinne zur Spielwiese der Besserverdienenden und Wohlhabenden. Wichtiger noch: Systemimmanente Benachteiligungen wie etwa beim Kindergeld bzw. Kinderfreibetrag sind weitgehend unbekannt. Der umgekehrte Progressionseffekt bei den sozial motivierten Freibeträgen wird weder verstanden noch thematisiert. Das heißt aber auch, dass das Protestpotential der Benachteiligten schon aus diesem Grund nicht zum Tragen kommt.

Die Komplexität unseres Steuersystems hat aber in erster Linie seinen Grund darin, dass eine moderne Gesellschaft selbst äußerst komplex ist. Der Anspruch des Sozialstaates, mit Steuern zu »steuern«, führt fast automatisch zu noch mehr Komplexität. Eine differenzierte Gesellschaft beruht auf unterschiedlichen Ideen und manifestiert sich in unterschiedlichen Interessen. Unser horizontal und vertikal gegliedertes Institutionengefüge kann diese differenzierte Interessenlage kaum bündeln. Das Ergebnis ist eine pluralistische Gesellschaft mit einem nie dagewesenen Maß an Freiheit. Dieses Maß an Freiheit verträgt sich schlecht mit einer autoritären Staatsauffassung. Für das Steuersystem bedeutet dies die Schwierigkeit einer konsequenten Durchsetzung der Steuernormen. Es kommt zu legalen und teilweise illegalen Umgehungsstrategien. Daher arbeitet der moderne Steuerstaat zwar immer noch mit Geboten, Pflichten und Festlegungen, aber immer mehr mit Anreizen und Subventionen. Dies führt dazu, dass unser Steuersystem nur in Teilbereichen vereinfacht werden kann. Die Steuererklärung passt eben nicht auf einen Bierdeckel, wie es Friedrich Merz einmal forderte. Die Krux ist nur, dass unser Steuersystem in seiner Komplexität die meisten Menschen überfordert. Wer es nicht versteht, ist schon benachteiligt. Herr und Frau Großschmidt haben aber eine Strategie zur Komplexitätsreduktion. Sie lassen sich beraten! Ein System, das mehrheitlich nicht verstanden wird, kann nicht gerecht sein! Unsere Gesellschaft ist in eine Komplexitätsfalle geraten, und das Steuersystem selbst wird zu einem Hindernis für Steuergerechtigkeit.

11. Reformvorschläge für eine gerechtere Besteuerung

11. Reformvorschläge für eine gerechtere Besteuerung

Die bisherigen Ausführungen haben gezeigt, wie die Wohlhabenden vom deutschen Steuersystem profitieren bzw. wie es ihnen gelingt, seine Schwächen auszunutzen. Daher konzentrieren sich die nachfolgenden Reformvorschläge auch auf den Abbau von Steuerprivilegien. Es wird kein umfassendes Neukonzept vorgelegt, aber es geht um mehr als punktuelle Änderungsvorschläge. Mindestens vier strukturelle Änderungen sind notwendig. Einmal geht es darum, die sozialstaatlich motivierten Vergünstigungen und Freibeträge progressionsunabhängig zu gestalten. Zweitens geht es darum, das Vermögen als Anknüpfungspunkt für die Besteuerung in den Blick zu nehmen. Drittens brauchen wir eine internationale Steuerharmonisierung unter Einbeziehung der Finanztransaktionen. Und schließlich muss unser Steuersystem eine sozial-ökologische Komponente erhalten.

Freibeträge müssen sozial gestaltet sein

Die Auslagerung der Sozialpolitik in das Steuerrecht muss nicht kontraproduktiv sein. Im Gegenteil: Begünstigungen wie die 2022 ausgezahlten Energiehilfen könnten – wenn diese versteuert werden – Wohlhabenden weniger und Normalverdienern mehr zugutekommen. Bei sozial motivierten Freibeträgen im Einkommensteuerrecht ist es gerade umgekehrt. Es findet eine Progressionsumkehr statt. Wir haben dies bei Kinderfreibeträgen, Behindertenfreibeträgen und dergleichen gesehen. Die Wohlhabenden bekommen vom Staat viel mehr zurück als die Geringverdienenden, für die ja gerade die staatlichen Hilfen gedacht sein müssten. Auch das bisherige Ehegattensplitting ist fast immer eine Subvention für die Wohlhabenden. Ein einfacher und gerechter Alternativvorschlag zum Ehegattensplitting kommt dafür vom Deutschen Institut für Wirtschaftsforschung. Er sieht einen Übertragungsfreibetrag in Höhe des Grundfreibetrages von 10.902 Euro vor. Der weniger verdienende Ehegatte müsste dann den Betrag als »sonstige Einkünfte« versteuern. Damit wäre das Existenzminimum von beiden Ehegatten steuerfrei gestellt. Auch ein Modell des Familiensplittings, wie es in Frankreich existiert, wäre denkbar. Noch einfacher wäre es, das Kindergeld substanziell zu erhöhen, um Familien und nicht kinderlose Ehen zu entlasten.

Grundsätzlich müsste unser Steuersystem auf progressionsunabhängige Freibeträge umgestellt werden. Ein halbwegs gelungenes Beispiel dafür sind die

jetzt schon geltenden Absetzungsmöglichkeiten bei haushaltsnahen Dienstleistungen und Handwerkerrechnungen (§ 35 a Einkommensteuergesetz). Hier werden alle begünstigten Leistungen mit 20 Prozent des Rechnungsbetrages vom Finanzamt erstattet. Allerdings stellen haushaltsnahe Dienstleistungen und die Absetzbarkeit von Handwerkerrechnungen eine durch nichts gerechtfertigte Subvention dar. Nur die Art der steuerlichen Absetzungsfähigkeit wäre eine sinnvolle Alternative.
Eine andere Möglichkeit wäre, eine Zumutbarkeitsklausel für begünstigte Aufwendungen einzuführen. Diese Möglichkeit haben wir bei den außergewöhnlichen Belastungen nach § 33 Einkommensteuergesetz gesehen. Hier wird nach Familienstand und Einkommenshöhe differenziert, mit dem Effekt, dass Besserverdienende nicht bevorzugt werden, denn eine sogenannte »zumutbare Eigenbelastung« wird von den absetzbaren Aufwendungen wieder abgezogen.

Vermögen als Grundlage der Besteuerung

Dass die Wohlhabenden immer wohlhabender werden, liegt vor allem an den stark gestiegenen Börsenkursen und den noch stärker gestiegenen Immobilienpreisen in Deutschland. Seit 2010 sind die Aktienkurse fast um das Zweieinhalbfache gestiegen und die Preise für Einfamilienhäuser und Eigentumswohnungen besonders in Ballungsgebieten bis zu 200 Prozent. Es liegt aber auch am Steuerrecht, das diese Wertsteigerungen weitgehend steuerfrei lässt. Eigengenutzte Immobilien können schon nach drei Jahren und vermietete nach 10 Jahren spekulationssteuerfrei veräußert werden. Die Wertzuwächse sind oft durch Investitionen in die Infrastruktur durch die Kommunen zustande gekommen und fallen den Wohlhabenden sozusagen in den Schoß. Daher müssten alle Spekulationsgewinne konsequent besteuert werden. Aber alle Versuche, speziell eine Bodenwertzuwachsteuer einzuführen, sind stets an der Union und an der FDP gescheitert.
Beim Kapitalvermögen widerspricht die pauschale Besteuerung der Erträge mit 25 Prozent dem Gleichheitsgebot des Grundgesetzes. Es ist nicht einzusehen, dass Arbeitseinkommen relativ hoch und »leistungslos« erzielte Einkünfte aus Kapitalvermögen niedrig besteuert werden. Es ist auch nicht einzusehen, dass Vermögen nur minimal als Anknüpfungspunkt für eine Besteuerung dient. Das Bundesverfassungsgericht sieht dies genauso: Es sei nämlich nicht zu beanstanden, »wenn das in der Regel leistungslos aus dem

Vermögen fließende Einkommen durch die Einkommen- und Vermögensteuer stärker belastet wird als das Einkommen, das aus der Verwendung der Arbeitskraft fließt«. Die geltende Rechtslage stellt die Auffassung des Verfassungsgerichts auf den Kopf! Eine wieder eingeführte Vermögensteuer mit einem progressiven Steuersatz zwischen ein und zwei Prozent und persönlichen Freibeträgen von einer Million Euro, bei Betriebsvermögen fünf Millionen, würde nach Berechnungen des Deutschen Gewerkschaftsbundes 28 Milliarden Euro im Jahr einbringen.
Eine Alternative zur Vermögensteuer wäre eine Erbschaftsbesteuerung, die gerade bei den sehr Wohlhabenden greift. Hier dürften insbesondere die Betriebsvermögen nicht verschont werden. Die minimale Besteuerung der Erbschaften – besonders zwischen Eltern und Kindern – führt dazu, dass sich »anstrengungslos« erworbenes Vermögen bei wenigen Wohlhabenden konzentriert. Nach Berechnungen des Netzwerks Steuergerechtigkeit beträgt der durchschnittliche Steuersatz bei Schenkungen von über 20 Millionen Euro gerade mal 2,2 Prozent. Die Erbschaftsteuer – wohl die sozial ausgewogenste in unserem Steuersystem – muss endlich einen gebührenden Platz im deutschen Steueraufkommen erhalten.

INTERNATIONALE STEUERHARMONISIERUNG

Durch die Globalisierung sind große Firmen zu international tätigen Konzernen aufgestiegen. Sie sind in allen wichtigen Regionen der Welt tätig. Manchmal in den früher auch weniger wichtigen: den heute sogenannten Steueroasen. Nicht nur Waren und Dienstleistungen werden weltweit gehandelt, sondern auch die steuerpflichtigen Einnahmen können von Land zu Land verschoben werden. Dies gilt besonders auch für relevante Betriebsausgaben wie Zinsen, Patente und Lizenzen, die dann die Bemessungsgrundlage in einem Hochsteuerland mindern. Die Versteuerung erfolgt dann in einem Niedrigsteuerland. Die nationalen Finanzbehörden standen den »Global Players« meist hilflos gegenüber. Dieses »Race to the bottom« kann nur durch einheitliche Mindeststeuersätze auf Gewinneinkünfte durchbrochen werden. Ein Anfang wurde durch das OECD-Abkommen aus dem Jahr 2021 gemacht, welches aber erst 2023 greifen soll. Der dort festgelegte Mindeststeuersatz von 15 Prozent wird von vielen für zu niedrig angesehen. Problematisch ist zudem, dass die Regelung nur für sehr große Konzerne mit einem Umsatz von mehr als 750 Millionen Euro im Jahr gilt. Ein ungelöstes Problem ist auch,

dass es keine einheitlichen Reglungen zur Berechnung von Gewinnen und Verlusten gibt. Dennoch rechnet die Organisation *EU Tax Observatory* mit Mehreinnahmen von 7,8 Milliarden Euro im Jahr.
Ein anderes Problem kann ebenso nur auf internationaler Ebene gelöst werden. Die Globalisierung findet zwar auch in der Realwirtschaft statt, aber noch schneller und dramatischer im Finanzsektor. Mit der zunehmenden Digitalisierung werden per Knopfdruck Milliarden von Euros und Dollars zwischen den Finanzinstituten hin und her geschoben. Das globale Finanzsystem ist dabei schon weitgehend von der Realwirtschaft entkoppelt. Investiert wird nicht nur in Unternehmensanteile, sondern in abgekoppelte Finanzprodukte wie Optionen, Futures und Zertifikate. Völlig unverständlich ist es, dass genau diese Transaktionen nicht der Besteuerung unterliegen sollen – der Kauf von Grundnahrungsmitteln aber schon. Aufgrund der weltweiten Verflochtenheit der Finanzmärkte sind nationale Alleingänge, wie wir sie mit der deutschen Börsenumsatzsteuer bis 1991 hatten, kaum mehr möglich.
Historisch gesehen gab es immer wieder neue Anknüpfungspunkte für eine Besteuerung. Ein solcher Anknüpfungspunkt läge in einer internationalen Finanztransaktionssteuer. Nach Auffassung des amerikanischen Wirtschaftswissenschaftlers James Tobin könnte die nach ihm benannte Steuer auch kurzfristige und schädliche Börsenspekulationen eindämmen. Vorgeschlagen wurde eine solche Steuer für die Europäische Union, teilweise auch nur für die Euro-Zone. Bei einem Steuersatz von 0,1 Prozent auf Aktien- und Anleihenumsätze und einem Satz von 0,01 Prozent auf Derivate könnten nach Berechnungen der EU-Kommission Steuereinnahmen in Höhe von 50 Milliarden Euro generiert werden. Befürwortet wird eine Finanztransaktionssteuer von diversen Wirtschaftswissenschaftlern, unter anderem von dem amerikanischen Nobelpreisträger Paul Krugman. Die Parlamente von Frankreich und Belgien haben sich dafür ausgesprochen. Gescheitert ist sie in der EU am Widerstand von Luxemburg und den Niederlanden. In Deutschland haben sich sogar Politiker der Union dafür ausgesprochen. Nur die FDP ist nach wie vor dagegen.

Eine ökologische Steuerreform ist dringend erforderlich – sie muss aber sozial gerecht sein

Die wohl größte Herausforderung unseres Jahrhunderts ist die Umwelt- und Klimakrise. Volkswirtschaftlich betrachtet muss man feststellen, dass wir die

Kosten unseres Wirtschaftens und unseres Lebensstils zum großen Teil externalisieren, also sie in die Atmosphäre abgeben, in ferne Regionen verlagern oder den nächsten Generationen aufbürden. Dieser Externalisierung könnte durch eine Besteuerung nach ökologischen Gesichtspunkten begegnet werden. Die zentrale These dafür ist, dass die Preise die »ökologische Wahrheit« widerspiegeln müssen. Zur Not eben mit Hilfe der Steuer, etwa mit einer Flächenverbrauchsteuer. Seit den 90er Jahren ist diese Strategie für den Energiebereich bereits in Angriff genommen worden. Das Paradebeispiel dafür ist die Energiesteuer auf Benzin, Diesel, Gas, Heizöl und Strom, die der Endverbraucher trägt. Ein Beispiel dafür: Beim Strom betrug der Steuer- und Abgabenanteil im Jahr 2019 52,4 Prozent des Preises. Die Wirkung ist hier wieder regressiv, weil unsere Geringverdiener viel mehr ihres kleinen Budgets für die Verteuerung ausgeben müssen als die Wohlhabenden. Dagegen gibt es in anderen Bereichen aber nach wie vor keine ökologischen Korrekturmechanismen, und weiterhin profitieren einige Branchen von klimaschädlichen Subventionen, wie zum Beispiel die Landwirtschaft. Die Summe der in Deutschland ausgeschütteten umweltschädlichen Subventionen wird vom Umweltbundesamt auf 57 Milliarden Euro geschätzt. Die soziale Schieflage unseres Steuersystems setzt sich bei den Ökosteuern also fort.
Die bestehende Ungleichheit drückt sich auch dadurch aus, dass die reichsten 10 Prozent der Haushalte 26 Prozent der Treibhausgasemissionen verursachen: Durch ungebremsten Flugverkehr, durch große Wohnungen, durch Erst-, Zweit- und Drittautos. In einem Lebensstil, der weitgehend steuerfrei ist. Die Wohlhabenden profitieren davon, dass es keine Kerosinsteuer gibt, dass die Kfz-Steuer nur eine minimale ökologische Komponente hat und dass es keine Pkw-Maut gibt. Vom Dienstwagenprivileg haben praktisch nur die Besserverdienenden etwas, die Kilometerpauschale wirkt sich über Steuerprogression stärker zugunsten der Wohlhabenden aus, und 20 Jahre lang wurden Eigenheimbesitzer über die EEG-Umlage subventioniert, wenn sie sich eine Photovoltaikanlage auf das Hausdach montieren ließen. Der Gipfel der sozialstaatlichen Ungerechtigkeit war dann 2022 erreicht, als wegen der stark gestiegenen Energiepreise für drei Monate die Energiesteuer auf Benzin und Diesel ausgesetzt wurde und das »Energiegeld« mit 300 Euro für alle gleich ausfiel. Die sozialpolitische Schieflage in Zeiten der Energiekrise und des Klimawandels gipfelte zu Recht in dem Slogan »Die Eliten reden vom Ende der Welt – Wir reden vom Ende des Monats«, den die Protestbewegung der französischen Gelbwesten auf ihre Banner schrieben.

Wenn wir solche sozialen Spaltungen verhindern wollen, müssen wir die oben genannten Privilegien abschaffen und zusätzlich soziale Ausgleichsmechanismen ins Steuerrecht einbauen. Zum Beispiel könnte der niedrige Mehrwertsteuersatz auf tierische Produkte auf 19 Prozent steigen oder für Grundnahrungsmittel könnte der Satz sogar auf null festgesetzt werden. Nach dem schwedischen CO2-Steuermodell könnte es jährliche Energiesteuerrückerstattungen für Geringverdiener geben. Allerdings müssten auch die Haushalte davon profitieren, die keiner Steuerveranlagung unterliegen. Auf der anderen Seite müssten alle Energiesubventionen steuerpflichtig sein, damit das Leistungsfähigkeitsprinzip unseres Steuerrechts auch hier greift. Es gibt aber noch einfachere Maßnahmen, um der klimapolitischen Herausforderung gerecht zu werden. Im Verkehrsbereich wäre dies mit einem Tempolimit auf Autobahnen und Landstraßen zu erreichen – ganz ohne bürokratisches steuerpolitisches Regelwerk. Nach Auffassung von Verkehrsminister Wissing von der FDP ginge das nicht, denn dafür würden die Verkehrsschilder fehlen!

12. Schlussbemerkungen

12. Schlussbemerkungen

Der von Bundeskanzler Olaf Scholz ins Bild gesetzte Begriff der »Zeitenwende« meint nicht nur die großen Herausforderungen, vor denen wir im 21. Jahrhundert stehen, wie Bewältigung der Corona-Pandemie und die Abmilderung der Folgen des Klimawandels. Der nach Europa zurückgekehrte Krieg mit den exorbitant gestiegenen Energiepreisen und den erhöhten Verteidigungsausgaben gehört ebenso dazu. Deutschland benötigt zudem Milliarden für die Erneuerung seiner maroden Infrastruktur und für den unterfinanzierten Bildungsbereich. Das heißt, die Zeitenwende ist im Wesentlichen eine finanzielle Herausforderung. Die Finanzierung all dieser Aufgaben darf aber nicht via Schulden den nächsten Generationen überlassen werden. Unsere Generation muss und kann sie stemmen. Denn ein großer Teil von uns – besonders die Wohlhabenden – haben die letzten Jahrzehnte gut vom bestehenden System profitiert, besonders auch vom Steuersystem. Die Nutznießer dieses Systems müssen daher auch einen größeren Beitrag zur Bewältigung der genannten Krisen leisten. Dies geht auch ohne neue Steuern, aber nicht ohne grundlegende Korrekturen unseres Steuersystems. Die aufgezeigten Vorschläge für ein gerechteres Steuersystem würden zu mehr als 100 Milliarden Euro im Jahr an Steuermehreinnahmen führen. Rechnet man noch die Summen hinzu, die dem Staat jährlich durch Steuerhinterziehung entgehen, sind wir schon bei ca. 200 Milliarden Euro.
Wie wir gesehen haben, mangelt es nicht an Reformvorschlägen. Die Frage ist nur, wie wir dies umsetzen können. Und ob nicht die Widerstände diverser gesellschaftlicher Gruppen zu groß sind. Zu dem Argument des außergewöhnlichen Finanzierungsbedarfes gesellt sich eine Entwicklung in unserer Gesellschaft, die den Weg für ein gerechteres Steuersystem ebnen könnte. Es ist eine Entwicklung, die nicht von Gier und Egoismus getragen wird und nicht den Staat als Beute der Wohlhabenden sieht. Den Anfang machten Einzelpersonen, die ihren Reichtum nicht als ihr Verdienst ansehen, sondern ihre privilegierte Stellung als Auftrag begreifen, der Allgemeinheit etwas von ihrem Reichtum zurückzugeben. Kürzlich haben 102 schwerreiche US-Bürger in einem offenen Brief an die Veranstalter des Weltwirtschaftsforums eine höhere Besteuerung der Multimillionäre und Milliardäre gefordert, darunter die Enkelin von Walt Disney, Abigail Disney. In Deutschland gehören der Gruppe von *Tax me now* die BASF-Erbin Marlene Engelhorn und Antonis Schwarz, der Miteigentümer von Schwarz Pharma an. Aber auch die allgemeine Stimmung im Land ändert sich allmählich zugunsten eines fairen

Steuersystems. So waren zum Beispiel im Sommer 2021 72 Prozent der Bevölkerung für die Wiedereinführung der Vermögensteuer.

Dass das Thema Steuergerechtigkeit zu einem öffentlichen Anliegen ersten Ranges geworden ist, geht nicht zuletzt auf die Arbeit der vielen investigativen Journalisten zurück, die das Ausmaß der internationalen Steuerhinterziehung, Steuerflucht, Geldwäsche und Korruption anprangerten. Die Panama Papers, Lux-Leaks, Pandora Papers und Suisse Leaks stellen dabei nur die Spitze des Eisbergs der Veröffentlichungen dar. Gruppen wie *Global Alliance For Tax Justice* arbeiten mit großem Sachverstand und Engagement für ein gerechteres Steuersystem. Für Deutschland sind besonders die *Bürgerbewegung Finanzwende* und das *Netzwerk Steuergerechtigkeit* zu nennen. Unterstützung kommt auch aus dem Kreis der Wirtschaftsweisen, deren Vorsitzende, Monika Schnitzer, sich vehement für eine gerechtere Erbschaftsteuer einsetzt. Daneben gibt es immer wieder partielle Erfolge in der Steuergesetzgebung, die durch spektakuläre Proteste gegen die größten steuerlichen Ungerechtigkeiten ausgelöst wurden. Zu nennen wären hier die Verhinderung der Steuerbefreiung des Flugbenzins für Hobbyflieger in der Ära Strauß und jüngst die Senkung des Mehrwertsteuersatzes auf Menstruationsartikel.

Die Chancen für ein gerechteres Steuersystem stehen damit besser, als dies der Koalitionsvertrag der Ampelregierung ausdrückt. Weil die Einführung neuer Steuern stets unpopulär ist und immer eine Breitseite für Lobbyismus und Populismus bietet, haben wir uns hier auf die gröbsten Ungerechtigkeiten des deutschen Steuersystems konzentriert. Um mit Margaret Thatcher zu sprechen: »Es ist viel schwieriger, eine neue Steuer einzuführen, als eine unsinnige zu behalten.« Dafür müssen wir das ungerechte und teilweise unsinnige Steuersystem aber erst verstehen. Dieses Buch will jedenfalls zu diesem Verständnis beitragen.

Seit der »geistig-moralischen« Wende, die der ehemalige Bundeskanzler Helmut Kohl Anfang der 80er Jahre ausgerufen hatte, ist unser Steuerrecht zur Spielwiese neoliberaler Politiker und deren Helfershelfer geworden, ein Terrain für unverdiente Nutznießer und Abzocker! Nicht die einzelnen kleineren oder größeren Steuertricksereien sind ein Skandal. Der eigentliche Skandal ist das Steuersystem selbst, weil es in großen Teilen zu einer geschickt angelegten Subventionierung der Wohlhabenden verkommen ist.